KB216300

카렌 암스트롱의
바울 다시 읽기

St. Paul : The Apostle We Love To Hate by Karen Armstrong
Copyright © 2015 by Karen Armstrong
All rights reserved.

Korean Translation Copyright © Huud publisher, 2017
This Korean Edition is published by Huud arrangement with Amazon Publishing
through Milkwood Agency, Korea

이 책의 한국어판 저작권은 훗에 있습니다. 저작권법에 의하여 한국 내에서 보호를 받는
저작물이므로 무단 전재와 복제를 금합니다.

카렌 암스트롱의
바울 다시 읽기

KAREN ARMSTRONG
ST.PAUL: THE APOSTLE WE LOVE TO HATE

카렌 암스트롱 지음 | 정호영 옮김

훗

일러두기

이 책은 카렌 암스트롱이 성서를 토대로 바울의 생애를 장면적으로 구성한 후 바울의 말들을 직접 인용하는 식으로 진행되고 있으며, 바울이 바울 자신을 말하는 것과 같은 형식이기 때문에 성서와 같이 보아야 한다. 본문에 직접 인용하지 않지만, 카렌 암스트롱의 주석에 명기된 성서 구절은 별도의 소책자로 만들어서 훗 홈페이지인 huudbooks.com에서 다운받을 수 있도록 하였다. 아래의 QR 코드를 통해서 다운받을 수 있으며, 책을 읽으면서 모바일 등에서 다운받은 주석의 성경 구절과 함께 볼 수 있을 것이다.

[부록] 바울의 생애 연대표는 옮긴이가 작성하였다.

For Jenny Wayman
제니 웨이만에게

차례

서기 30년, 예루살렘이 한창 유월절을 기념하고 있을 때 유대의 로마 총독인 본디오 빌라도는 갈릴리 나사렛의 작은 촌락 출신의 한 농부를 십자가형에 처하라고 명령했다. 성도 예루살렘의 유월절이란 대체로 폭발적인 기간이었고, 이 지역에서 로마의 지배는 격렬하게 날이 서 있었다. 빌라도와 대제사장 가야바는 발발 가능성이 있는 어떤 문제에든 즉각 대처하기로 합의했던 듯하다. 그래서 그들은 일주일 전 나사렛의 예수가 예루살렘에 들어온 사실을 분명 알고 있었을 것이다. 예수는 "우리를 구원하소서, 다윗의 자손이여!"(마태복음 20:30_옮긴이)라고 외치는 열광적인 군중의 경의에 화답하며, 스가랴의 예언대로 당나귀를 타고 도발적으로 예루살렘에 입성했다(스가랴 9:9-10_옮긴이). 그는 자신이 이민족의 속박에서 이스라엘을 해방한 위대한 다윗 왕의 자손, 고대하던 메시아임을 주장한 것일까? 그것으로는 부족했던지 예수는 즉시 성전으로 뛰어들어 가서 환전상들의 탁자를 뒤엎으며 그들이 이 신성한 장소를 도둑들의 소굴로 만들고 있다고 비난했다. 예수가 십자가에 못 박혔을 때 "그 머리 위에 이는 유대인(성경 인용 중 'Jew'로 해석되는 '유다인'은 모두 '유대인'으로 표기했으며, 이와 구분하여 'Judean'은 '유다인'으로 표기함_옮긴이)의 왕 예수라 쓴 죄패를 붙였"다.[1]

예수는 아우구스투스 황제(r.31 BCE-14 CE)의 통치 기간에 태어났다. 아우구스투스 황제는 경쟁 상대인 로마의 장군들을 물리치고 로마 제국의 유일한 통치자임을 선언하면서, 전쟁으로 지친 세상에 평화를 가져온 인물이었다. 그

---

1 마태복음 27:37. 별다른 언급이 없는 한 신약에서의 모든 인용은 *The Revised English Bible*(Oxford: Oxford University Press, 1989)에서 가져온다. [한국어판에서의 신약 인용은 개역개정으로 한다. 개역개정과 원문이 다를 때에는 그 이유를 역주에서 따로 표시한다. 개역개정 마태복음 20:30의 구절은 "주여 우리를 불쌍히 여기소서 다윗의 자손이여"로 되어 있고 *The Revised English Bible* 에서도 "우리를 불쌍히 여기소서(Have pity on us)"로 되어 있지만, 필자의 성서 인용은 "liberate us"로 되어 있어서 구원으로 번역한다. 또 필자가 신약 인용시 *Revised English Bible*이 아닌 예외로 예루살렘 바이블 등을 인용할 때 개역개정 성경과 비교하여 그 이유를 밝힐 것이다_옮긴이]

이후의 평화는 거의 기적적이었고, 아우구스투스는 그가 지배하는 광대한 영역에서 "신의 아들"이자 "구세주"로 찬양받았다. 하지만 팍스 로마나는 그 당시 세계에서 가장 효율적인 살인 기계였던 로마 군대에 의해 무자비하게 강요된 결과였고, 저항의 낌새만 나타나도 대대적인 살육이 자행되던 시기였다. 공포 정치의 도구인 십자가형은 보통 노예나 폭력범, 반란자들에게 가해졌으며 저항에 대한 강력한 억제력이 있었다. 채찍질 당한 희생자의 만신창이가 된 몸뚱이는 십자가에 매달리거나 광장에 내걸린 채 대중에게 전시되었다. 대부분은 맹금이나 들짐승의 먹이로 남겨져 무자비한 로마의 권력을 생생하게 드러냈다.[2] 예수가 죽기 약 30년 전, 시리아 총독이었던 푸블리우스 퀸틸리우스 바루스는 헤롯 대왕이 죽은 후 일어났던 봉기를 진압한 후 한꺼번에 2천 명의 반란자들을 예루살렘 성 밖에서 십자가에 매달았다.[3] 예수 사후 40년, 로마가 예루살렘을 포위하던 그 막바지 시기에는(70 CE) 저주받은 도시에서 벗어나

---

2 Martin Hengel, *Crucifixion in the Ancient World and the Folly of the Message of the Cross*, trans. John Bowden(London: SCM Press; Philadelphia: Fortress Press, 1977), 76.

3 Flavius Josephus, *The Jewish War*, trans. G. A. Williamson(Harmondsworth, UK: Penguin, repr. 1967), 2:75(이후 *JW*로 인용한다); Flavius Josephus, *The Antiquities of the Jews*, trans. William Whiston(Marston Gate, Amazon. co.uk. Ltd., n.d), 17:205(이후 *AJ*로 인용한다).

려다 잡힌 굶주린 탈주자들이 매질과 고문을 당하고 십자
가형에 처해졌다. 이런 사람들은 하루 평균 500명에 육박
했다. 유대 역사가 요세푸스는 그 무서운 광경을 직접 목격
한 후 이렇게 기록했다. "분노와 증오에 찬 군인들은 죄수
들을 다양한 자세로 못질하면서 즐겼다. 그 숫자가 너무 많
아서 십자가를 세울 장소도, 시체를 매달 십자가도 남지 않
았다."[4]

십자가형의 가장 끔찍한 점은 그 희생자를 매장할 수 없
었다는 것이었다. 현대인이 이해하기에는 어렵지만, 고대 사
회에서 이것은 견딜 수 없는 불명예였다. 희생자는 보통 살
아있는 채로 썩은 고기를 먹는 까마귀들에게 찢겼다. 유대
율법은 사람이 죽은 후 그 시체를 즉시 매장하라고 명하고
있으며, 유다에서는 이 율법을 지킬 수 있도록 군인들을 설
득하여 시체를 얕은 무덤에 묻기도 했었다. 그리고 십자가
에 달려 죽어가는 사람 밑에서 배가 고파 배회했던 야생 들
개들은 얕게 묻힌 시체를 파내 먹어 치웠다. 하지만 초기부
터 예수의 추종자들은 예수가 훌륭한 무덤에 묻혔음을 확
신했다. 이후 4개 복음서 저자들은 제자들이 어떻게 로마
당국을 설득해서 이를 허락하게 했는지 설명하는 정교한

---

4 *JW* 5:449-51.

이야기를 만들었다.[5] 이는 가장 초기의 기독교 전통에서 결정적인 요소였다.[6]

예수의 잔인한 죽음은 실존했던 첫 기독교 저자인 다소 출신 사울의 종교적이고 정치적인 시각의 핵심이었다. 바울은 사울의 로마식 이름이었다. 서구에서는 의도적으로 종교를 정치 생활에서 배제하며 신앙은 본디 사적인 행위라고 간주해왔다. 하지만 이는 18세기에나 시작되어 발전된 현대적인 사고로 예수와 바울 모두 이해할 수 없는 일이었을 것이다. 통념과 달리, 예수가 성전에서 보인 행동은 더 영적인 숭배 방식에 대한 호소가 아니었다. 그는 환전상들의 탁자에 뛰어들면서, 자신들의 신심에는 철저하면서 가난한 자들, 약한 자들, 억압받는 자들의 고통을 무시했던 사람들을 꾸짖는 히브리 예언자의 말을 인용했다. 거의 500년 동안 유다는 제국들의 잇따른 지배를 받았고 유대 사회에서 가장 신성한 장소인 성전은 제국의 통제 수단이 되었다. 기원전 63년 이래로 로마인들은 사제 귀족들과 결합하여 유다를 지배하고 있었고, 사제 귀족들은 민중에게서 현물로 쥐어짜 낸 공물을 성전 경내에 보관했다. 예수

---

5 John Dominic Crossan, *Jesus: A Revolutionary Biography*(San Francisco: Harper, 1995), 172-78.

6 고린도전서 15:4.

시기에는 이와 같은 사제 귀족과 성전의 결탁으로 이 기관의 악명이 높아지면서 농부들이 십일조 내기를 거부하는 지경이었다.[7] 사해 근처의 쿰란에 있는 유대 종파들은(유대교 분파인 에세네파를 말한다. 그들은 쿰란 동굴에 모여 종말에 대한 기대를 품은 채 신앙생활을 했으며 율법과 제사를 중하게 여긴 바리새인과 사두개파와 다르게 신비주의와 금욕을 내세웠다. 유대 독립 전쟁 시기에 로마군에게 완전히 궤멸당했다_옮긴이) 자신들의 가장 성스러운 기관이 이렇게 부패한 것을 역겨워하며 주류 사회에서 물러났다. 그리고 하나님이 곧 그 성전을 무너뜨리고 인간의 손으로 지어지지 않은 정화된 신전을 세워 그것을 대체할 것이라고 믿었다. 즉, 예수만이 그 성전을 "강도의 소굴"이라고 생각했던 것은 아니었다. 그리고 그의 목숨을 앗아간 이 과격한 시위는 당국의 눈에 정치적 질서에 대한 위협으로 받아들여졌을 것이다.

예수의 사명에서 주 무대인 갈릴리는 현재 이스라엘 국가의 북부에 있는 지역으로, 제국의 폭력에 심한 충격을 입은 공동체의 근거지였다. 나사렛은 세포리스, 즉 헤롯이 죽

---

7 Richard A. Horsley, *Jesus and the Spiral of Violence: Popular Jewish Resistance in Roman Palestine*(San Francisco: Harper & Row, 1987), 286-89; Sean Freyne, *Galilee, from Alexander the Great to Hadrian, 323 BCE to 135 CE: A Study of Second Temple Judaism*(Wilmington, DE: M. Glazier; Notre Dame, IN: University of Notre Dame Press, 1980), 283-86.

은 후 일어났던 봉기 중에 로마 군단들이 쓸어버린 그 도시에서 불과 몇 마일 떨어져 있었다. 헤롯 안디바스는 헤롯 대왕의 여섯 번째 아들로 로마의 하수인(client)으로서 그 지역을 통치했다. 그는 대규모의 건축 계획을 세우고서, 이를 위한 재정을 확보하기 위해 신민들의 곡식, 가축, 노동력에 대한 권리를 주장했다. 그리고 농부들로부터 50%에서 65%의 무거운 세금을 부과하여 수확물을 거둬들였다. 이렇게 부과된 세금을 내지 못하는 이는 땅을 압류당하거나 몰수당하는 처벌을 받았고, 이는 헤롯파인 귀족들뿐만 아니라 재산을 쌓기 위해 이 지역에 몰려든 은행가와 관료들의 부동산을 불려주었다.[8] 수 세대 동안 전해진 가문의 땅을 빼앗긴 후, 그나마 운이 좋은 농부들은 농노로 그 땅에서 일할 수 있었으나 그렇지 못한 사람들은 도적이 되어야 했거나 하찮은 노동으로 연명할 수밖에 없었다. 예수의 아버지인 목수 요셉도 그런 사람 중 하나였다.

기원후 28년경, 세례자 요한의 불같은 설교를 듣기 위해 유다와 예루살렘, 그리고 그 주변의 시골 지역에서부터 거대한 군중이 요르단 강가로 몰려들었다. 선지자 엘리야의

---

8 *AJ* 19:36-38; Richard A. Horsley, "The Historical Context of Q," in Richard A. Horsley with Jonathan A. Draper, *Whoever Hears You Hears Me: Prophets, Performance, and Tradition in Q* (Harrisburg, PA: Trinity Press International, 1999), 58.

모습을 연상시키는 투박한 낙타 털옷을 입은 요한은 사람들에게 참회의 표시로 하나님이 이 시대의 사악한 통치자를 쫓아내고 세우신다는 왕국의 도래를 앞당기기 위해 세례를 받을 것을 촉구했다. 이것은 온전히 영적인 메시지만은 아니었다. 이 사제 귀족 구성원들과 그 신하들이 세례를 받기 위해 나타났을 때 요한은 그들을 "독사의 자식들"이라고 비난했다. 그들이 아브라함의 자손이라는 이유만으로 심판의 날에 구원받을 수 있는 것이 아니었다.[9] 이스라엘에서 물에 들어가 세례를 받는 의례는 오랫동안 도덕적인 순수성뿐 아니라 정의에 대한 사회적인 서약을 의미해왔다. 선지자 이사야는 기원전 8세기 예루살렘의 통치 계급에 이렇게 말했다. "너희의 손에 피가 가득함이라. 너희는 스스로 씻으며 스스로 깨끗하게 하여 내 목전에서 너희 악한 행실을 버리며 행악을 그치고 선행을 배우며 정의를 구하며 학대받는 자를 도와주며 고아를 위하여 신원하며 과부를 위하여 변호하라."[10] 쿰란 분파들은 자주 목욕재계를 했으며, 이는 정화의 의식인 동시에 "인간에 대한 정의를 지

9 마태복음 3:7-10; 누가복음 3:7-9.
10 이사야 1:15-17; 별다른 언급이 없는 한 히브리어 성경에서의 인용은 예루살렘 바이블 *The Jerusalem Bible*, ed. Alexander Jones(London: Darton, Longman & Todd, 1966)에서 한다. (한국어판에서의 구약 인용은 개역개정으로 한다_옮긴이)

키"고 영원히 "불의를 미워하며 옳은 자들의 싸움을 하겠다"는 정치적 서약이었다.[11] 하지만 요한은 엘리트 집단뿐만 아니라 일반 대중들에게도 세례를 주었다. 이 가난하고 빚더미에 앉은 민중들이 무엇을 해야 할지 그에게 물었을 때, 요한은 그들에게 아무리 가진 것이 없다 하더라도 그보다 더 가난한 자들과 나누라고 말했다. 이는 예수 운동의 핵심이 될 윤리였다. "옷 두 벌 있는 자는 옷 없는 자에게 나눠 줄 것이요 먹을 것이 있는 자도 그렇게 할 것이니라."[12]

예수는 요한에게 세례를 받은 사람 중 한 명이었다. 그가 물 위로 올라오자 성령이 그에게 임하였으며 천상의 목소리가 이렇게 선포했다고 전해졌다. "너는 내 사랑하는 아들이라 내가 너를 기뻐하노라."[13] 예수의 모든 추종자는 세례를 받은 후 큰 소리로 자신들도 신의 자녀가 되어 모두가 평등한 세상에서 살게 해달라고 빌었다. 성령은 이 초기 운동에서 매우 중요하다. 물론 성령은 별개의 신성한 존재가 아니라 하나님의 권능이 인간의 삶에 임하는 것을 가리키기 위해 유대인들이 쓰는 용어였다. 서기 29년에 요한이 헤롯 안디바스에게 체포되었을 때 예수는 갈릴리에서 "성령

---

11 *JW* 2:142-44.
12 누가복음 3:11.
13 누가복음 3:21-22.

의 능력으로" 자신의 사역을 시작했다.[14] 군중은 요한에게 몰려갔던 것처럼 예수의 주위에 모여들어 "하나님의 왕국은 이미 도래했다"는 놀라운 메시지를 들었다.[15] 하나님의 왕국이 오는 것은 먼 미래에 예정된 것이 아니었다. 하나님의 적극적인 임재인 성령은 '현재' 예수가 보이는 치유 기적의 증거였다. 그가 돌아보는 곳마다 사람들이 혹사당하고 학대받으면서 벼랑 끝에 몰려 있었다. "무리를 보시고 불쌍히 여기시니 이는 그들이 목자 없는 양과 같이 고생하며 (eskulemeno) 기진함(errimmeno)이라."[16] 복음서의 저자들이 선택한 이 그리스어 동사는 정서적인 의미뿐 아니라 제

---

14 누가복음 4:14.

15 마가복음 1:14-15. [필자의 성서 번역인 "하나님의 왕국은 이미 도래했다(the kingdom of God has already arrived)"는 아주 파격적인 성서 번역이다. 필자가 신약의 인용으로 사용하고 있는 *Revised English Bible*의 번역인 "하나님의 나라가 당신과 함께 있습니다(the kingdom of God is upon you)"와 의미상으로는 일치한다. 그러나 다른 성경들은 이와 번역이 다르다. 개역개정은 다음과 같이 이 두 구절을 번역하고 있다; 14 요한이 잡힌 후 예수께서 갈릴리에 오셔서 하나님의 복음을 전파하여 15 이르시되 때가 찼고 하나님의 나라가 가까이 왔으니 회개하고 복음을 믿으라 하시더라. 국내의 다른 성서 번역들과 필자가 히브리어 성경의 번역본으로 삼고 있는 예루살렘 바이블을 포함한 영어 성경들, 중국어 성경 간체자본, 일본어 신공동역은 각각 "하나님의 나라가 다가왔다(the kingdomof God is close at hand: 예루살렘 바이블), the kingdom of God has drawn nigh, the reign of God hath come nigh, 神的國近了, 神の 國は 近づいた"로 번역되어 있다. 헬라어 원어인 'καιρὸς καὶ ἤγγικεν ἡ βασιλεία'의 의미는 '다가왔다/이미 왔다' 두 가지로 해석할 수 있다_옮긴이]

16 마태복음 9:36.

국의 약탈에 "억눌리고 있다"는 정치적인 의미도 있었다.[17] 그들은 굶주렸고, 육체적으로 병들었고, 정신적으로 동요하고 있었으며, 아마도 전근대 사회 안의 모든 농경제의 대중들이 견뎌야 했을 호된 노동과 열악한 위생 상태, 인구과밀, 부채, 그리고 심한 불안에 시달리고 있었을 것이다.[18] 예수의 이야기에서 우리는 가난한 자와 부자가 도저히 넘을 수 없는 격차로 분리된 사회를 볼 수 있다. 대출로 빚더미에 앉은 사람들이 파렴치한 지주들에게 잡아먹히는 사회이며, 모든 것을 강탈당한 사람들이 어쩔 수 없이 하루 벌어 하루 먹고사는 노동자 신세로 내몰리는 사회였다.[19]

역사적 예수의 정확한 모습을 구성하는 것은 거의 불가능하다. 예수가 죽은 지 20년 후에 글을 쓰기 시작한 바울이 문서상으로 존재하는 최초의 기독교도 저자이지만 그

---

17 Warren Carter, "Construction of Violence and Identities in Matthew's Gospel," in Shelly Matthews and E. Leigh Gibson, eds., *Violence in the New Testament*(New York: T. & T. Clark, 2005), 93-94.

18 John Pairman Brown, "Techniques of Imperial Control: The Background of the Gospel Event," in Norman Gottwald, ed., *The Bible of Liberation: Political and Social Hermeneutics*(Maryknoll, NY: Orbis Books, 1983), 357-77; Warren Carter, *Matthew and the Margins: A Sociopoliticaland Religious Reading*(Sheffield, UK: Sheffield Academic Press, 2000), 17-29, 36-43, 123-27, 196-98.

19 A. N. Sherwin-White, *Roman Society and Roman Law in the New Testament*(Oxford: Clarendon Press, 1963), 139; 마태복음 18:22-33. 20:1-15; 누가복음 16:1-13; 마가복음 12:1-9, 1

는 예수의 생애 초반에 대해 거의 말하지 않는다. 네 권의 복음서 정경들은 훨씬 뒤에 쓰였다. 마가복음이 쓰인 것은 60년대 말, 마태복음과 누가복음은 80년대와 90년대, 요한복음은 대략 100년경으로, 네 권의 복음서 모두가 예루살렘과 성전의 파괴로 끝난 유대 전쟁(66-73년)에 강한 영향을 받았다. 복음서의 저자들은 유대 역사에서 가장 폭력적인 시기, 종말이 온 것처럼 보일 만큼 끔찍했던 시기에 살았다. 그들은 어마어마한 수의 사망자, 거대한 약탈의 흔적, 곳곳에 만연한 고통과 가까운 이들의 죽음을 이해하려고 애썼다. 그러면서 그들은 복음서에 예수의 원래 가르침에는 없었던 격한 종말론적 요소를 넣었던 것으로 보인다. 학자들은 마태복음과 누가복음 모두가 마가복음의 내용뿐 아니라 전해지지 않는 또 다른 텍스트에 기반을 두고 있으며 이를 거의 그대로 인용했다는 것에 주목했다. 학자들은 이 사라진 복음서를 독일어의 *quelle*("원전")에서 따서 "Q"라고 부른다. 우리는 정확히 언제 그 복음서가 쓰였는지는 모른다. 하지만 그 안에 유대 전쟁에 대한 언급이 전혀 없는 것을 고려할 때, 아마도 66년 이전 어느 시점에 갈릴리에서 묶였으며, 쓰인 시기는 더 이전인 50년대, 즉 바울이 자신의 편지를 받아 적게 했던 것과 같은 시기까지 거슬러 올라갈 수 있다고 본다. 복음서 정경들과는 달리 Q는 예수의 삶에 대해서 어떠한 이야기도 전하고 있지 않으며 그저 예수의 말을 모아 놓은 것이었다. 그래서 우리는 Q복음서에서 고난 속에 있었던 갈릴리의 사람들에게 예수가 전했던 말에 더 가깝게 다가갈 수 있을 것이다.

이 최초 복음서의 핵심에 하나님의 왕국이 있다.[20] 이것은 하늘로부터 내려오는 격렬한 종말이 아니라 본디 공동체 관계 안에서의 혁명이다. 사람들이 유대 율법에 기록된 하나님의 원칙들에 좀 더 가까운 또 다른 사회를 세운다면, 그들은 하나님이 인간의 상태를 바꾸기 위해 개입하는 순간을 더 앞당길 수 있을 것이었다. 하나님은 그의 왕국에서 유일한 통치자일 테고, 그렇다면 가이사도 행정 장관도 헤롯도 없다는 의미이다. 절망스러운 상황에 놓여 있을 때 하나님의 왕국을 현실로 만들기 위해서는, 사람들은 그 왕국이 이미 도래한 것처럼 행동해야만 한다.[21] 헤롯 치하의 갈릴리와 달리, 하나님의 왕국의 이익은 혜택받은 엘리트들에게 한정되지 않을 것이다. 그 왕국은 모두에게, 특히 현재의 정권이 버린 "가난한 자들"과 "거지들(ptochos)"에게 열려있기 때문이다.[22] 예수는 집주인에게 부자인 이웃

---

20 Horsley, *Jesus and the Spiral*, 167-68.

21 A. E. Harvey, *Strenuous Commands : The Ethic of Jesus* (London: SCM Press; Philadelphia: Trinity Press International, 1990), 162, 209.

22 누가복음 6:20-21; cf. vv. 24-25.

만을 잔치에 초대해서는 안 된다고 말했다. "잔치를 베풀거든 차라리 가난한 자들과 몸 불편한 자들과 저는 자들과 맹인들을 청하라."(누가복음 14:13_옮긴이) 초대는 "시내의 거리와 골목" 그리고 "길과 산울타리 가"에서 이루어져야만 한다.[23](누가복음 14:21-24_옮긴이) 이는 하나님의 왕국에서는 나중 된 자로서 먼저 되고 먼저 된 자로서 나중 되리라는 파격적인 정치적 메시지였다.[24]

예수가 가르치기를, 이 왕국에서는 사람들이 그들의 적들조차도 사랑하며 그들에게 실질적이고 도덕적인 지원을 해야만 한다. 로마가 한 것처럼 상해에 대해 잔인하게 보복하기보다는, "너의 이 뺨을 치는 자에게 저 뺨도 돌려대며 네 겉옷을 빼앗는 자에게 속옷도 거절하지 말라. 네게 구하는 자에게 주며 네 것을 가져가는 자에게 다시 달라 하지 말며 남에게 대접을 받고자 하는 대로 너희도 남을 대접하라"라는 황금률에 따라 살아야만 한다.[25] 주님의 기도는 하나님 왕국의 기도이다. 하루 먹을 충분한 음식만을 바라는 사람들, 빚더미에 빠지거나 법정에 끌려가서 몇 줌 안 되는 소유물을 몰수당할까 걱정하는 사람들이 이를 읊었다.

---

23 누가복음 14:23-24.
24 마태복음 20:16.
25 누가복음 6:29-31.

아버지의 이름이 거룩히 빛나시며

아버지의 나라가 오시며

오늘 저희에게 일용할 양식을 주시고

저희에게 빚진 이를 저희가 용서하오니 저희 빚도 사하여 주시고

저희를 소송에 들게 하지 마소서.[26]

예수의 가르침에는 기발한 것이 없다. 이스라엘의 고대법
이 촉구했던 것이 정확히 이런 식의 자기 구제와 상호 부조
였다. 토라(모세의 법)의 가장 초기 구절들에 따르면, 땅은

---

26 누가복음 11:2-4. 이 번역은 Stephen J. Patterson, *The Lost Way: How Two
Forgotten Gospels Are Rewriting the Story of Christian Origins*(New York:
HarperOne, 2014), 94에 따른 것이다. [이 주기도문은 복음서들의 원전인 Q복
음서에 나오는 주기도문이다. Q복음서의 주기도문의 빚(debt)과 소송(trial)은 마
태복음과 누가복음의 주기도문에서는 '죄(sin)'와 '시험(temptation)'으로 바뀌
었다. Stephen J. Patterson, *The God of Jesus: The Historical Jesus and the
Search for Meaning*(Continuum International Publishing Group, 1998), 103
에서도 Q복음서의 주기도문에 관한 설명이 나오며 저자가 언급한 번역과 거의 같
은 주기도문의 번역이 실려 있다. 이 번역은 누가복음의 주기도문과 마태복음의
주기도문과 예배 시 사용하는 주기도문도 조금 다르다. 개역개정 성경의 번역은
다음과 같다. 누가복음 11:2-4. 2 예수께서 이르시되 너희는 기도할 때에 이렇게
하라 아버지여 이름이 거룩히 여김을 받으시오며 나라가 임하시오며 3 우리에게
날마다 일용할 양식을 주시옵고 4 우리가 우리에게 죄 지은 모든 사람을 용서하
오니 우리 죄도 사하여 주시옵고 우리를 시험에 들게 하지 마시옵소서 하라. 마태
복음 6:9-13. 9 그러므로 이렇게 기도하여라. 하늘에 계신 우리 아버지, 온 세상이
아버지를 하느님으로 받들게 하시며 10 아버지의 나라가 오게 하시며 아버지의
뜻이 하늘에서와 같이 땅에서도 이루어지게 하소서. 11 오늘 우리에게 필요한 양
식을 주시고 12 우리가 우리에게 잘못한 이를 용서하듯이 우리의 잘못을 용서하
시고 13 우리를 유혹에 빠지지 않게 하시고 악에서 구하소서. (나라와 권세와 영
광이 영원토록 아버지의 것입니다. 아멘)_옮긴이]

귀족에 의해 전용되는 것이 아니라 대가족의 소유여야 한다. 돈이 필요한 가난한 이스라엘 사람들에게 이자 없이 대출을 해주는 것은 의무였다. 계약 노역은 제한되어 있었다. 그리고 사회적 약자들, 즉 고아, 과부, 그리고 이민족들에게는 특별 배급이 이루어져야 했다.[27] 7년마다 모든 빚은 면제되고 노예는 풀어주어야 했다. 부유한 이스라엘 사람들은 가난한 사람들에게 너그러워야 했고 그들에게 필요한 만큼 충분히 주어야만 했다.[28]

예수는 어부, 경멸받는 세리, 그리고 농부였던 그의 제자들을 파견해서 갈릴리 마을들에 이 프로그램을 시행하도록 했다. 이는 실로 실제적인 독립 선언이었다. 예수의 추종자들은 자신의 노동으로 다른 사람들의 배를 불리는 농노가 될 필요가 없었다. 그들은 그저 체제에서 벗어나서 다른 방식의 경제를 만들고 그들이 가진 것을 나누면서 살아남으면 되는 것이었다.[29] 미국 학자 존 도미닉 크로산은 예수가 이 선교사들에게 지시했던 내용을 보면 초기 예수 운

---

27 레위기 25:23-28; 신명기 24:19-22; Norman Gottwald, *The Hebrew Bible in Its Social World and in Ours* (Atlanta, GA: Scholars Press, 1993), 162.

28 신명기 15장.

29 Richard A. Horsley and Neil Asher Silberman, *The Message and the Kingdom: How Jesus and Paul Ignited a Revolution and Transformed the Ancient World* (Minneapolis, MN: Fortress Press, 1997), 56-57.

동의 핵심을 찾을 수 있다고 믿었다. 예수는 그들에게 마을에 도착하면 문을 두드리고 그 집안의 평화를 빌어야 한다고 말했다. 집주인이 친절하여 그들을 들인다면 그들은 그 집에 머물면서 집주인과 함께 일해야 했다. "그 집에 유하며 주는 것을 먹고 마시라 일꾼이 그 삯을 받는 것이 마땅하니라…… 어느 동네에 들어가든지 너희를 영접하거든 너희 앞에 차려놓는 것을 먹고 거기 있는 병자들을 고치고 또 말하기를 하나님의 나라가 너희에게 가까이 왔다 하라."[30] 누군가가 동정심을 가지고 도움이 필요한 이방인을 자신의 집에 들이고 그 이방인은 그에게서 음식을 얻는 대신 다른 무언가를 제공할 때마다 그 왕국은 도래하는 것이다. 크로산에 따르면 농부들의 가장 중요한 걱정거리는 두 가지였다. "오늘 하루 내가 먹을 양식이 있을 것인가?"와 "내가 병이 들어서 빚더미에 앉게 되지는 않을까?"였다. 예수의 체제 안에서는 한 사람이 음식을 가지고 있으면 모두가 먹을 수 있었다. 그리고 항상 병든 자를 돌봐 줄 누군가가 있을 것이었다. 이러한 상호 의존과 상호 간의 공유는 구원의 길(Way of Salvation)이자 동시에 생존의 길(Way of Survival)이었다.[31]

---

30 누가복음 10:2-9; 고린도전서 10:27.

31 John Dominic Crossan, *The Historical Jesus: The Life of a Mediterranean Jewish Peasant* (San Francisco: Harper, 1991), 341-44.

이것은 단순히 종교를 가장한 사회적 프로그램이 아니었다. 알다시피 전근대 사람들에게는 세속적이라는 개념이 없었다. 모든 위대한 영적 전통들은, 깨달음을 막는 것은 이기심과 독단이며 (그저 자신과 같은 계급에 속했거나 마음이 맞는 사람들이 아닌) 모든 사람들을 실질적으로 염려하는 것이 진정한 영성의 시금석이라고 말해왔다. 예수의 추종자들과 그 이후 바울의 추종자들은 자신들이 가진 빈약한 자원을 공유하고 분노와 앙갚음을 하겠다는 마음을 다잡았다. 그리고 자신이 약해지는 때라도 다른 사람들에게 베푸는 영웅적인 노력을 함으로써, 자기 세계의 중심으로부터 자기 자신을 체계적으로 내리고 그 자리에 다른 사람을 두었다. 그래서 그들은 사람들이 요가에서 찾으려고 한 이기심 없는 마음 상태를 얻을 수 있었다. 이것의 목적은 우리의 생각과 행동에서 "나"를 제거하는 것이다. 자기 강박은 우리가 브라흐만, 도, 열반, 혹은 하나님으로 다양하게 알려진 초월성으로 다가가는 것을 막고 우리의 인간성을 제한하기 때문이다.

하지만 예수는 어떤 사람들은 이 강령을 증오할 것이며 심지어 선동적이라고 생각할 수도 있다는 것을 알았다. 그는 제자들에게 그것이 사람들을 서로 대적하게 하고 가족들을 갈라놓을 것이라고 경고했다.[32] 로마 지배하의 팔레스타인에서 그를 따르는 사람들이면 누구나 십자가의 고난을 준비하고 있어야 했다.[33] 그의 가르침은 어려웠다. 모두가 자신의 적을 사랑하고 가족들에게서 등을 돌리며 필요하다면 죽은 자의 매장은 죽은 자들에게 맡겨놓고 싶어한 것은 아니었다.[34] Q의 후반부를 보면, 예수의 사절단들이 특히 헤롯 체제를 두려워하거나 그에 의존하고 있던 사람들의 반대와 거부에 맞닥뜨렸다는 것을 알 수 있다.[35] 마침내 예수가 직접 예루살렘에 가서 하나님의 왕국을 선포하고 사제 귀족들의 착취와 불의를 비난했을 때 그는 반체제 인사로 처형되었다.

십자가형 때문에 예수 운동이 끝장날 수도 있었다. 하지만 예수가 체포된 후 예루살렘을 탈출해서 갈릴리로 돌아간 것으로 보이는 예수의 핵심 세력 중 몇몇 사람들이 놀라운 광경을 보았다. 찢기고 피 흘리던 예수의 몸이 새로운 생명을 받고 천국의 가장 높은 곳에 있는 하나님의 왕좌 오른편에 서서 명예를 회복했던 것이다. 그들은 이것을 하나님이 예수를 '메시아', 즉 하나님의 왕국을 세우고 정의의

---

32 누가복음 12:51-53.
33 누가복음 14:27.
34 누가복음 9:60, 14:26.
35 마태복음 11:18-19; 누가복음 7:33-34.

통치를 시작할 다윗 왕의 자손인 "기름 부어진 자"로 세웠음을 의미한다고 결론지었다. 소생한 예수를 처음 본 것은 베드로나 게바(반석)로도 불렸던 시몬이었다. 그다음으로 예수는 열두 사도로 알려진 한 무리의 제자들에게 나타났으며, 그다음에는 그를 따르는 500명의 군중 앞에 나타났다. 마지막으로 그는 형제인 야고보에게 나타났다.[36] 이 아주 특별한 환상에는 성령의 임재가 함께했다. 이 특별한 경험으로, 예수의 죽음으로 두려움에 떨던 이들은 대중에게 나가 영감 받은 예언을 말하고 치유의 기적을 행했으며, 선지자 요엘이 예언했던 새로운 시대가 왔음을 사람들에게 확신시키는 힘을 얻었다.

> 그 후에 내가 내 영을 만민에게 부어 주리니
> 너희 자녀들이 장래 일을 말할 것이며
> 너희 늙은이는 꿈을 꾸며
> 너희 젊은이는 이상을 볼 것이며
> 그 때에 내가 또 내 영을
> 남종과 여종에게 부어 줄 것이며[37]

---

36 고린도전서 15:4-7.
37 요엘서 2:28-29.

과거에는 예언자들이 대개 귀족들이었고 궁중에 소속되어 있었다면, 이제는 성령이 사회의 초라한 구성원들인 어부, 목공, 장인, 그리고 농부들에게 영감을 주었다. 그리고 이스라엘 동족들에게 메시아인 예수가 곧 돌아와 하나님의 왕국을 세울 것이라고 전하게 했다. 그의 부활은 머나먼 과거의 신화적인 사건이 아니었다. 예수의 승천을 동시대의 멀쩡한 수백 명의 사람이 목격했던 것이다.

고대 히브리어 용어인 메시아는 왕, 사제, 혹은 예언자 등, 신이 내려준 사역을 받들며 기름 부음을 받은 사람이라면 누구에게나 쓰였다. 하지만 이스라엘이 제국의 통치하에 놓이자 사람들은 이스라엘의 잃어버린 존엄을 회복해줄 새로운 유형의 왕, 즉 정의로움과 관대함을 부여받은 다윗의 자손을 고대했다. 그러면서 메시아라는 이름은 완전히 새로운 의미를 얻었다. 솔로몬의 시편에 따르면 기름 부음을 받은 자가 유대 민족을 해방하고 부패한 관료들을 폭로하고 모든 이방의 죄인들을 이 땅과 예루살렘 지역에서 몰아내어 예루살렘을 통치할 것이고, 예루살렘은 다시 "땅끝에서부터" 민족들을 끌어들이는 성스러운 도시가 될 것이었다.[38] 이 텍스트는 기원전 1세기 중에 예루살렘에서 쓰

---

38 Psalms of Solomon 17:31-37, cited in Horsley and Silberman, The Message and the Kingdom, 15. (솔로몬의 시편은 18편으로 구성된 외경이다. 이스라엘에

였으나 디아스포라 때 그리스어로 번역되어 널리 읽혔다. 그리고 로마 지배하에 있었던 디아스포라의 유대인들은 이를 읽고 메시아[그리스어로 '그리스도(Christos)']가 나타날 것을 고대했다. 물론 여기에는 선동의 가능성이 있었다. 로마 총독에 의해 십자가에 달린 사람이 그리스도로 추앙된다는 것은 정권의 전복을 일으킬 수도 있는 일이었다.

Q복음서에서는 예수의 처형도 부활도 쓰여 있지 않다. 아마도 Q공동체는 그가 십자가형을 당했다는 생각을 견딜 수 없었고, 그가 부활하여 모습을 드러낸 것을 알지 못했거나 인정하지 못했던 것 같다. 그들은 자신들의 사역을 계속해 나갔지만 유대 전쟁의 대혼란 중에 사라졌다. 하지만 열두 사도는 예수의 죽음에 구원의 힘이 있음을 믿게 되

내려진 재앙을 이스라엘이 죄를 지어서 하나님께 받는 벌이라고 한다. 마지막 두 편의 시편은 다윗의 가문에서 메시아가 와서 행할 일들을 예언한다. 정전에서 메시아를 언급한 것은 단 한 번이다. 저자가 이 책에서 정전 히브리 성경의 출처로 사용하고 있는 예루살렘 바이블은 시편에 각각의 소제목이 붙어 있다. 예루살렘 바이블에서 '메시아 : 왕과 사제'라는 소제목이 붙은 시는 시편 110이다. 시편 110. 1 여호와께서 내 주에게 말씀하시기를 내가 네 원수들로 네 발판이 되게 하기까지 너는 내 오른쪽에 앉아 있으라 하셨도다 2 여호와께서 시온에서부터 주의 권능의 규를 내보내시리니 주는 원수들 중에서 다스리소서 3 주의 권능의 날에 주의 백성이 거룩한 옷을 입고 즐거이 헌신하니 새벽 이슬 같은 주의 청년들이 주께 나오는도다 4 여호와는 맹세하고 변하지 아니하시리라 이르시기를 너는 멜기세덱의 서열을 따라 영원한 제사장이라 하셨도다 5 주의 오른쪽에 계신 주께서 그의 노하시는 날에 왕들을 쳐서 깨뜨리실 것이라 6 뭇 나라를 심판하여 시체로 가득하게 하시고 여러 나라의 머리를 쳐서 깨뜨리시며 7 길 가의 시냇물을 마시므로 그의 머리를 드시리로다_옮긴이)

었고, 따라서 예수의 죽음과 부활은 그냥 보고 넘어갈 만한 일이 아니었다. 유대교는 순교자가 이스라엘의 "죄"를 위해 죽었다고 여긴다. 여기에서 '죄'는 이스라엘 사람 개인들의 사적인 잘못이 아니라 전체로서의 그 민족이 성스러운 계명을 지키지 않고 사회적인 책임을 수행하지 않았음을 의미했다. 그리고 이스라엘 민족이 겪는 정치적 재앙은 하나님이 이들에게 내린 벌이었다. 예수는 이 원칙들을 위해 기꺼이 죽음을 택함으로써 순교자의 모범이 되었다. 그래서 예수의 순교는 사람들이 행동하도록 박차를 가했고, 하나님의 왕국을 앞당기려는 이들의 지속적인 노력에 영감을 주었다.

그리하여 열두 사도들은 그들의 인생을 바꾼 그 광경을 본 이후 갈릴리를 떠나 예루살렘으로 돌아갔다. 선지자들에 의하면 그곳에서 메시아가 새로운 시대를 개시할 것이었다.[39] 열두 사도들은 하층 도시의 번잡한 슬럼가에서 소상인과 노동자, 짐꾼, 푸줏간 주인, 염색사, 나귀 몰이꾼들 등 "이스라엘 집의 잃어버린 양"들에게 복음을 설파했다.[40] 도시 하층민으로 전락한 이 농민들에게 도시 환경은 상당히 낯설었다. 사도들은 예수가 갈릴리 마을들에 설립했던 대

---

39 Horsley and Silberman, The Message and the Kingdom, 100-103.
40 마태복음 15:24.

안 공동체들을 이곳에 재생산하고자 노력했다.

믿는 무리가 한마음과 한 뜻이 되어 모든 물건을 서로 통용하고 자기 재물을 조금이라도 자기 것이라 하는 이가 하나도 없더라. 사도들이 큰 권능으로 주 예수의 부활을 증언하니 무리가 큰 은혜를 받아 그 중에 가난한 사람이 없으니 이는 밭과 집 있는 자는 팔아 그 판 것의 값을 가져다가 사도들의 발 앞에 두매 그들이 각 사람의 필요를 따라 나누어 줌이라.[41]

열두 사도들은 예루살렘에서 그리스어를 사용하는 이주민들에게도 설교를 시작했다. 이들은 더욱 진정한 유대적 삶을 살기 위해 예루살렘에 정착했던 디아스포라 중 일부였다.

이런 디아스포라의 유대인 중 한 명이 바울이었으며, 누가에 따르면 그는 길리기아의 다소 출신이었다. 처음에 그는 예수 운동에 적대적이었으나, 결국에는 이스라엘의 길 잃은 양들뿐 아니라 이교도 민족들에게까지 복음을 전하는 중대한 행보를 내딛게 되었다.

---

41 사도행전 4:32-35.

1983년, 내가 처음으로 일을 시작하며 쓴 책이 바울에 대한 것이다.『첫 번째 기독교인The First Christian』은 6부작 텔레비전 시리즈로 만들어졌고, 내가 대본을 쓰고 직접 출연했다. 난 이 작업 초반에는 어떻게 바울이 기독교를 훼손했는지, 사랑이 가득한 예수의 원래 가르침을 어떻게 망가뜨렸는지를 보여줄 기회라고 생각했다. 바울은 많은 사람이 증오해 마지않는 사도이다. 그는 여성 혐오자, 노예제 지지자, 악의적인 권위주의자이며 유대인과 유대교에 극히 적대적인 것으로 혹평받았다. 하지만 나는 당대인 1세기의 맥락에서 그의 글들을 연구하기 시작하면서 곧 그 관점이 타당하지 않다는 것을 깨닫게 되었다. 사실 촬영 기간 내내 그의 발자취를 따라가면서 나는 까다롭고 뛰어나면서도 여린 이 사람을 존경하게 되었을 뿐 아니라 매우 좋아하게 되었다.

내가 알게 된 첫 번째 사실은, 신약에서 바울이 썼다고 전해지는 서신들이 실제로 전부 그가 쓴 것은 아니라는 점이었다. 데살로니가전서, 갈라디아서, 고린도전서와 후서, 빌립보서, 빌레몬서, 그리고 로마서 등 단지 일곱 개만이 학자들에 의해 진짜로 판명되었다('진정서신'으로 부른다_옮긴이). 그 나머지인 골로새서, 에베소서, 데살로니가후서, 디모데전서와 후서, 디도서는 제2바울 서신으로 알려졌으며 바울의 사후에 기록되었다. 그리고 그중 몇 개는 2세기가 되어서야 바울의 이름으로 쓰였다. 이를 오늘날의 '도용'과 같이 볼 수는 없다. 고대 사회에서는 존경하는 현자나 철학자의 이름을 가져다 글을 쓰는 일이 흔했다. 이 바울 사후의 사도들은 바울의 목소리를 좀 줄이고, 그의 급진적인 가르침을 그리스-로마 사회에 좀 더 받아들일 만한 것으로 만들려고 했다. 여성들은 남편에게 종속되어 있으며 노예들은 주인 말에 복종해야만 한다고 주장한 것은 바로 이 바울 사후의 서신들이다. 바울이 "이 세대의 통치자들"(고린도전서 2:8_옮긴이)에게 한 저주를 영적인 것으로 만들고 이는 로마 제국의 지배 귀족들이 아닌 악마의 세력을 말하는 것이라고 주장한 것도 바로 이 서신들이었다.

흥미롭게도 몇몇 페미니스트 신학자들은 이 주장이 면피용이라고 생각한다. 그들은 기독교의 오랜 여성 혐오 전통을 바울의 탓으로 돌려야 한다고 강하게 생각하는 것 같다. 하지만 바울이 이 후기 텍스트들을 쓰지 않았다는 것을 보여주는 설득력 있고 결정적인 자료 앞에서 눈을 감아버리는 것은 학자로서 비이성적인 태도이다. 그들은 바울의 업적에 대한 공정한 평가보다 그를 미워하는 것이 더 중요한 이들처럼 보인다. 사실, 최근 연구에서 분명히 드러났듯이 바울은 그런 사안들에 대해 급진적인 태도를 보였고, 그래서 오늘날에도 그는 상당한 의의를 가진다. 첫 번째로, 리처드 호슬리, 디터 게오르기, 닐 엘리엇 등의 학자들은 바울이 예수와 마찬가지로 평생 로마 제국의 구조적인 부정에 반대했음을 밝혔다. 전근대 사회에서는 모든 문명이 예외 없이 농업 생산물의 잉여에 기초하고 있었고, 이는 겨우 생존할 정도의 삶을 꾸리는 소농으로부터 강제로 빼앗은 것이었다. 그러니까 500년 동안 인구의 약 90퍼센트가 농노의 신세로 전락하여 소수의 특권층 귀족들과 그 신하들을 부양했던 것이다. 하지만 사회학적 역사가들이 지적하는 바로는, 이렇듯 정당하지 않은 사회 배치 없이는 인류가 원시 상태를 넘어서서 발전할 수 없었다. 그 덕분에 특권층들이 진보에 필수적인 예술과 과학을 발전시킬 여유를 가졌기 때문이다. 또한, 모순적으로 보일 수 있겠지만, 평화를 유지하는 데 로마와 같이 거대한 조공 관계의 제국이 제일 나은 방법이라는 것도 밝혀졌다. 그것이 경쟁 관계에 있던 더 작은 귀족들이 좋은 경작지를 갖겠다고 끊임없이 서로 싸우는 것을 막아주었기 때문이다. 사회적 불안 탓에 수확을 망치게 되면 수천 명이 죽을 수도 있었던 전근대 사회였다. 사람들에게 무정부 상태란 매우 두려운 것이었고 따라서 사람들 대부분은 안도하며 아우구스투스와 같은 황제를 경외했다. 그럼에도 모든 문화에는 항상 예수나 바울 같은 목소리가 있으며 이런 제도화된 불의에 맞서 저항을 일으켰다. 오늘날 바울이 있었다면 우리가 만들어낸 세계 시장과 그 안의 그토록 엄청난 부와 권력의 불균형을 혹독히 비판했을 것이다.

두 번째로, 바울은 인종, 계급, 성의 장벽을 극복하기 위해 평생 싸웠다. 서글프게도, 오늘날 이것들은 여전히 사회적인 불화를 일으키고 있다. 그러므로 기록을 바로잡는 것이 중요하다. 다메섹으로 가는 길에서 바울이 겪은 유명한 일화 대부분은 그가 지키고 조장했었던, 유대인과 비유대인을 분리했던 율법이 하나님에 의해 폐지되었음을 알게 되었다는 내용이다. 예수와 마찬가지로 바울은 하나님의 왕국에서는 모두가 같은 식탁에서 식사할 수 있어야 한다고 항상 주장하곤 했다. 우리의 세속화된 사회에서는 더 이상 그런 식으로 의례적인 순수성의 준규들을 강조하지 않는다. 하지만 인종 차별과 계급 구분은 소위 자유세계라는 곳에서조차 여전히 해로운 힘으로 남아 있다. 다시 말하지만, 바울이었다면 예수가 그랬듯이 그런 편견을 격렬히 부정했을 것이다. 예수는 항상 도발적으로 소위 "죄인들"과 함께 식사했고, 제의적인 관점으로 볼 때 불순하고 전염병을 앓고 있는 사람들을 만졌으며, 사회적 경계를 넘나들었고, 기득권층이 경멸했던 사람들과 어울렸다.

그러므로 우리가 바울에게서 배울 수 있는 것들은 많다. 『첫 번째 기독교인』에서 나는 상당 부분을 사도행전에 의존했다. 사도행전은 보통 세 번째 복음서 저자인 성 누가가 썼다고 여겨졌다. 그러나 이제 사도행전은 역사적으로 신뢰할 만한 기록이라고 생각되지 않는다. 누가는 분명 본래 전통들을 어느 정도 알고 있었겠지만, 누가복음은 2세기나 되어서야 기록된 것으로 보이며 그래서 그 전통들을 언제나 이해한 것은 아니었다. 또한, 그는 바울과는 완전히 다른 쟁점을 가지고 있었다. 누가는 로마에 대항한 결과로 예루살렘과 그 안의 성전이 비극적으로 파괴되었던 유대 전쟁 이후에 복음서를 썼기 때문에 예수 운동이 로마에 대한 유대의 광범위한 적대감을 다루지 않는다는 것을 보여주려고 애썼다. 그래서 그의 내러티브는 로마 관료들이 바울을 존중하고 인정했다는 점을 계속해서 드러냈다. 그리고 예수가 복음을 설파했던 도시들에서 바울이 빈번하게 추방되었던 이유를 현지 유대 공동체들에게 돌렸다. 앞으로 보게 되겠지만, 사실 바울은 이에 대해 아주 다른 관점을 가지고 있었다.

그래서 나는 이 책에서 주로 바울의 진본 서신 7편에 의존하고 있다. 많은 부분이 여전히 불분명한 채로 남아 있을 것이다. 우리는 자신이 독신임을 강조하곤 했었던 바울이 결혼한 적이 있었는지 결코 알 수 없을 것이다. 우리는 바울의 어린 시절이나 그가 받았던 교육에 대해 알지 못하며, 그가 회당에서 매질을 당했던 다섯 번의 사건에 대한 세부 내용을 알지 못하고, (그가 밤낮으로 망망대해를 떠다녔던 것을 포함한) 세 번의 난파에 대해서, 돌팔매질을 당했던 때에 대해서, 혹은 산적과의 위험한 만남에 대해서 알 수 없다.[42] 그리고 수 세기 동안 만들어져온 전설에도 불구하고 우리는 그가 언제 어떻게 죽었는지에 대한 자세한 내용을 알지 못한다. 하지만 그의 서신들은 그에게 생명을 불어넣어 준다. 그 서신들은 그가 세상을 바꾸도록 이끈 열정에 대한 비범한 기록이다.

덧: 초기 기독교를 별개의 종교 전통으로 보는 것은 정확하지 않다. 2세기에 들어올 때까지도 초기 기독교는 예수 운동 안팎의 사람들에게 유대교의 한 종파로 여겨졌다. 1세기 말이 되어서야 예수의 추종자들이 그들 자신을 "그리스도인"이라고 부르게 되었으며 신약에서 "그리스도교"라는 단어는 단 세 번만 등장한다.[43] 나는 또한 예수 운동

---

42 고린도후서 11:24-25.
43 사도행전 11:26, 26:28; 베드로전서 4:16.

의 초기 공동체들을 "교회"라고 부르지 않으려고 하는데, 이 용어 탓에 바울의 시대에는 존재하지 않았던 첨탑과 신도석, 찬송가 책, 전 세계적인 위계 조직들의 이미지가 자연스럽게 떠오를 것이기 때문이다. 대신에 나는 그리스어인 에클레시아(ekklesia, 후에 "교회"라고 번역됨)를 사용하려고 한다. 이 용어는 "회당"처럼 사람들의 민회, 공동체, 회중을 가리킨다.

1.

다메섹

1. Damascus

역사적으로 믿을 만한 것은 아니겠지만, 유대 축제인 오순절에서의 성령 강림에 대한 누가의 서술은 초기 예수 운동의 떠들썩한 특징을 명확히 보여준다.[1]

누가에 따르면, 열두 사도와 예수의 가족을 포함한 일행이 예루살렘 숙소에서 기도하고 있을 때 갑자기 세찬 바람이 부는 듯한 소리가 들려왔고, 불길이 나타나서 그들 각각의 머리 위에 내렸다. 그들은 성령으로 가득 차서 여러 가지 외국어로 말하기 시작했고 밖으로 뛰쳐나가 각지에서

---

1   사도행전 11:26, 26:28; 베드로전서 4:16.

온 디아스포라 유대 순례자들 무리에게 연설했다. 순례자들은 그들이 자신들의 언어로 말하는 것을 들었다. 사도들의 행실이 너무 험했기 때문에 이를 보던 사람들 몇몇은 그들이 취했다고 생각했다. 베드로는 이 사람들이 그저 하나님의 성령으로 충만해 있는 상태라고 설명하며 군중에게 확신을 주었다. 이것은 선지자 요엘이 종말을 묘사했던 방식이며, 이스라엘에 기적과 전조와 징후로 알려진 예수가 실현했던 것이었다. 하지만 베드로는 그에게 몰려온 거대한 유대 청자들에게 말했다. "하나님께서 정하신 뜻과 미리 아신 대로 예수를 내준 바 되었거늘 너희가 법 없는 자들의 손을 빌려 그를 못 박아 죽였던 것이다." 하지만 하나님은 예수를 천국의 영광스러운 삶으로 끌어올렸고, 그래서 다음과 같이 시작되는 다윗의 시편이 예언을 이루게 되었다. "여호와께서 내 주에게 말씀하시기를 내가 네 원수들로 네 발판이 되게 하기까지 너는 내 오른쪽에 앉아 있으라."[2] 이스라엘은 이제 십자가형을 당한 예수가 주님이자

---

2 사도행전 2장. [사도행전은 예수가 그리스도라는 '케뤼그마'(κήρυγμα, 전도)를 선언한 예수 운동을 진행한 기록이다. 대부분의 성서 학자들은 사도행전과 누가복음을 누가의 서신으로 받아들인다. 누가는 데오빌로에게 보낸 복음서인 누가복음서에서는 예수의 복음과 행적을 기록하고, 사도행전에서는 예수 운동이 어떻게 진행되었는가를 기록했다는 것이 다수의 학설이며 사도행전이 저자 미상이라는 견해는 극소수이다_옮긴이]

메시아임을 인정해야 했다. 사람들이 회개하고서 세례를 받고 자신을 "이 패역한 세대"(사도행전 2:40_옮긴이)와 구별한다면, 그들 역시 성령을 받고 예수의 승리에 함께하는 것이었다.[3]

하룻밤 사이에 인간 예수는 영원히 변화하였다. 그가 하나님의 오른편에 서 있는 것을 본 후, 그의 제자들은 즉시 하나님이 예수에게 행한 일을 이해시켜 줄 경전들을 찾기 시작했다. 우선 그들은 베드로가 군중에게 인용했던 시편 110장을 묵상했다. 고대 이스라엘에서 이 시편은 성전의 대관식에서 쓰였다. 솔로몬의 후손인 새로 기름 부음을 받은 왕이 신성에 가까운 지위에 오르고 천상 회의의 일원이 될 때 노래로 불렸던 것이다. 또 다른 시편은 그 왕이 대관식 때 여호와에 의해 입양되었다고 주장하고 있었다. "너는 내 아들이라 오늘 내가 너를 낳았도다."[4] 또한, 제자들은 예수가 때로 자신을 "사람의 아들(인자)"이라고 불렸던 것을 기억했고 시편 8장의 구절을 찾아보았다. 거기에서는 창조의 기적들에 영감을 받은 시편 저자가 왜 비천한 "사람의 아들"이 그가 지금 누리고 있는 고귀한 지위로 끌어올려졌는지 하나님에게 묻고 있었다.

3　시편 110:1.
4　사도행전 2:13-28.

그를 하나님보다 조금 못하게 하시고

영화와 존귀로 관을 씌우셨나이다

주의 손으로 만드신 것을 다스리게 하시고

만물을 그의 발 아래 두셨으니[5]

다시 한 번 "사람의 아들"이라는 명칭은 선지자 다니엘의 환상을 떠올리게 한다. 그는 천국의 구름을 타고 "인자(사람의 아들) 같은" 신비로운 형상이 이스라엘을 도우러 오는 것을 보았다. "그에게 권세와 영광과 나라를 주고 모든 백성과 나라들과 다른 언어를 말하는 모든 자들이 그를 섬기게 하였"다.[6] 제자들은 이제 사람의 아들 예수가 곧 돌아와서 세상을 지배하고 이스라엘의 억압자들을 정복할 것이라고 확신했다. 진실로 놀라운 속도로 "주님"(그리스어로 '키리오스kyrios'), "사람의 아들" 그리고 "하나님의 아들"이라는 명칭이 메시아, 즉 '그리스도'인 예수를 가리키게 되었고 신약의 모든 저자에 의해 일상적으로 사용되었다.[7]

오순절 이야기는 그리스어를 사용하는 디아스포라의 유대인들에게 복음이 호소력 있게 다가갔음을 드러낸다. 이

5　시편 2:7.

6　시편 8:5-6.

7　다니엘서 7:13-14.

디아스포라 유대인들에게 복음은 즉각적으로 영향을 끼쳤으며 이들 중 많은 수가 예수 추종자의 공동체에 합류했다. 1세기 예루살렘은 코스모폴리탄 도시였다. 전 세계의 독실한 유대인이 성전에서 예배를 드리려고 예루살렘으로 왔다. 그러나 이들은 히브리어나 유다에서 사용되던 아람어 방언이 아닌 그리스어로 기도할 수 있는 자신들만의 회당을 만드는 경향이 있었다.[8] 이들 중 몇몇은 '이우다이스모스iousdiasmos'에 헌신했다. 이 단어는 보통 "유대교"나 "유대인성"으로 번역되지만, 로마 시대에는 더욱 정밀한 의미가 있었다. 황제들은 이스라엘의 종교가 가진 예스러움과 윤리성을 존중했고 그리스-로마 도시들의 유대 공동체들에 어느 정도의 자치를 허용하고 있었다. 하지만 독립하지 못한 상태에서 괴로워하던 각 도시의 엘리트들은 종종 이를 불쾌하게 여겼고, 그래서 주기적으로 반유대적 긴장감이 도시민들 사이에서 분출되었다. 이를 저지하기 위해서 몇몇 그리스어 사용자 유대인들은 이우다이스모스라고 부르는 전투적 디아스포라 의식을 발전시켰다. 이는 심지어 폭력에 의존하더라도 뚜렷한 유대 정체성을 지키고 자신들의

---

8 Martin Hengel, "Christology and New Testament Chronology: A Problem in the History of Earliest Christianity" and " 'Christos' in Paul," in *Between Jesus and Paul: Studies in the Earliest History of Christianity*, trans. John Bowden(Philadelphia: Fortress Press, 1983).

공동체에 대한 어떤 정치적 위협도 미리 방지하겠다는 결의가 결합된 고대 전통의 반항적인 선언이었다. 몇몇은 토라를 시행하고 이스라엘의 명예를 지키기 위해 자경단원으로 행동할 준비까지 되어 있었다. 예루살렘에서는 이런 강경한 성격의 유대인들이 토라를 엄격하게 지킬 것을 맹세했던 바리새파의 유다 분파에 몰려들었다. 성전에서 일하는 사제들처럼 살고 싶었던 그들은 이스라엘을 "신성하게" (히브리어로 '까도쉬qaddosh'), 즉 비유대인 사회와는 완전히 "구분되고" "다르게" 만드는 사제적인 정결법과 음식 규제를 특히 강조했다.

그러나 다른 그리스어 사용자 유대인들은 성도 예루살렘에서의 삶에 실망했던 것 같다. 디아스포라의 많은 사람이 헬레니즘 문화에 빠지기 시작했다. 그래서 그들은 유일한 하나님을 여러 다른 이름으로 숭배되고 있는 모든 민족의 아버지로 여기며 유대 일신교에 내재된 보편성을 강조하려 했다. 토라가 유대인들의 전유물이 아니며 그리스와 로마의 고대법들 또한 그들 방식대로 유일한 하나님의 의지를 표현했다고 믿는 사람들도 있었다. 그래서 이러한 더 자유주의적인 유대인들은 제의적인 세부 내용을 강조하는 대신에 선지자들의 윤리적 통찰력에 관심을 보였다. 선지자들은 정결과 식단에 관한 의식법보다는 자비와 박애의 중요성을 강조했다. 그들은 아마도 바리새파의 집착에 숨이 막혔을 수 있고, 아니면 그들의 집착을 하찮게 여겼을 수도 있다. 또는 성지에서 그들이 순례자들을 상업적으로 착취하는 것을 보고 분노했을 수도 있다.[9] 그래서 그들은 열두 사도가 말하는 예수에 대해 듣게 되자 그의 가르침 일부에 끌렸을 것이다. 예를 들어, 예수는 바리새인들에게 비판적이었다고 했다. "너희가 박하와 운향과 모든 채소의 십일조는 드리되 공의와 하나님께 대한 사랑은 버리는도다. 그러나 이것도 행하고 저것도 버리지 말아야 할지니라."[10] 또한, 그들은 예수가 선지자들의 신앙의 보편적인 의미를 반영하는 이사야의 말을 인용하면서 환전상들을 성전에서 끌어냈던 이야기에 끌렸을지도 모른다. "내 집은 만민이 기도하는 집이라 칭함을 받으리라."[11]

그리스어를 쓰던 이 유대인들은 예수 운동에 합류하고 나서도 여전히 자신들의 회당(synagogue. 현재도 유대교 사원은 시나고그로 부른다_옮긴이)에서 기도했다. 하지만 누가가 말한 바와 같이 아람어 사용자와 그리스어 사용자들 사

---

9 Hengel, "Between Jesus and Paul: The 'Hellenists,' the 'Seven' and Stephen(Acts 6:1-15; 7:54-8:3)," in *Between Jesus and Paul.* (사도행전 6:1-15; 7:54-8:3_옮긴이)

10 전게서, 28-29.

11 누가복음 11:42.

이에 갈등이 발생했다. 사도행전에 따르면 그것은 음식 분배에 관한 의견 차이에서 비롯되었다. 열두 사도들은 더 많은 시간을 기도와 설교에 전념하기 위해 일곱 명의 그리스어 사용자 부제를 임명하여 공동체에 대한 배급과 분배의 임무를 맡겼다.[12] 하지만 이에 대한 누가의 설명은 모순으로 가득하다. 그리고 이 일곱 명의 부제의 임무는 단순히 내부적인 것이 아니었음이 분명하다. 스데반은 그러한 부제 중 한 명으로 카리스마 있는 설교자이자 기적 수행자였고, 일곱 명 중 또 다른 한 명인 빌립보는 사마리아와 가자 지역의 비유대인들에 대한 전도를 이끌었다.[13] 누가의 내러티브의 행간을 읽어보면 그 일곱 명이 예수 운동 내에서 별개의 "헬레네(그리스어 사용자_옮긴이)" 회중을 이끌면서 직접 전도 활동을 했으며, 이미 그들의 메시지가 비유대인 사회에 뻗어 나가고 있었음을 짐작할 수 있다.

누가의 이야기에서, 음식에 관한 이 사소한 분쟁은 무서운 속도로 고조되어 스데반이 살해당하는 린치가 벌어졌다. 이우다이스모스에 헌신했던 디아스포라 유대인 중 일부는 스데반의 자유주의적 설교에 분개했고 그를 대사제

---

12 마가복음 11:17; 이사야 56:7; Martin Hengel, *The Pre-Christian Paul*, trans. John Bowden(Philadelphia: Trinity Press International, 1991), 81-83.
13 사도행전 6:1-5.

앞으로 끌고 갔다. 무슨 대가를 치르더라도 스데반을 막아야 했다. "이 사람이 이 거룩한 곳과 율법을 거슬러 말하기를 마지 아니하는도다. 그의 말에 이 나사렛 예수가 이 곳[성전]을 헐고 또 모세가 우리에게 전하여 준 규례를 고치겠다 함을 우리가 들었노라."[14] 누가는 이것들이 가짜 증인이 내세운 날조된 혐의라고 주장하면서도 스데반이 성전 숭배에 대한 부정으로 끝나는 길고 도전적인 연설을 했다고 전한다.

살펴봤듯이 이것은 실로 논쟁거리였다. 스데반의 관점은 부분적으로 쿰란 분파와 십일조를 거부했던 농부들이 가지고 있던 관점이었다. 복음서를 보면 예수 또한 성전의 파괴를 예언했다.[15] 스데반이 마침내 "보라, 하늘이 열리고 인자가 하나님 우편에 서신 것을 보노라!" 하고 외치자 그에게 혐의를 씌운 사람들은 분노로 가득 차서 겉옷을 벗어 사울이라는 젊은이에게 맡기고 스데반을 도시에서 끌고 나가 돌을 던졌다. 누가는 이 비극적인 일화를 이렇게 마무리한다. "사울은 그가 죽임 당함을 마땅히 여기더라."[16]

그렇게 예수 사후 약 2년이 지난 32년 혹은 33년도 즈음

---

14 사도행전 6:13-14.
15 마가복음 13:1-2.
16 사도행전 7:56-8:1, 56

에 바울이 이야기 속에 등장한다. 바울이 본래 다소 출신이며 어렸을 때 그의 부모가 예루살렘에 데리고 왔음을 알려준 것은 누가이다. 바울 스스로는 자신의 흠잡을 데 없는 유대 가문을 자랑스럽게 고집했다. "나는 팔일 만에 할례를 받고 이스라엘 족속이요 베냐민 지파요 히브리인 중의 히브리인이요 율법으로는 바리새인이요 열심으로는 교회를 박해하고 율법의 의로는 흠이 없는 자라."[17] 16세기에 마틴 루터는 바울이 "율법을 지키는 것"을 다하지 못한 것을 고뇌했다고 주장했지만, 바울의 서신에서는 그런 흔적을 발견할 수 없다. 반대로, 바울은 자신이 매우 성공적인 유대인이었으며 토라를 "흠 없이" 지킨 것을 자랑스럽게 주장했다. 우리는 유대 전쟁 이전의 바리새파의 관행에 대해 아는 것이 거의 없다. 바리새파가 랍비 유대교를 선도했을지라도, 유대 전쟁 이후 발전했던 탈무드 랍비들의 생각을 바울이 공유했으리라 추정할 수는 없다. 아마도 바울은 예루살렘에 있는 그리스어 사용자 유대인들의 학교에 다녔을 것이다. 그는 그리스어를 유창하게 했고, 히브리 경전의 그리스어 번역본을 공부했으며 수사법에도 숙달돼 있었다. 하지만 그의 교육은 종교적인 것에 한정되지만은 않았던

---

17 빌립보서 3:5-6.

것 같다. 기원전 2세기 이래, 바리새인들은 정치적 활동가들이었으며 자신들의 신념을 위해 기꺼이 죽거나 때로 살인을 할 준비가 된 자들이었다. 1세기 초반에 이들 중 일부가 압력 집단으로 기능하면서 이우다이스모스를 공격적으로 전파했고 스데반 같은 반대자들을 벌함으로써 로마 점령의 긴장 속에서 유대 사회를 한데 모으려고 했다.[18]

바울은 "내가 내 동족 중 여러 연갑자보다 이우다이스모스를 지나치게 믿어 내 조상의 전통에 대하여 더욱 열심이 있었"다고 말하며 항상 자신이 특히 열성적인 바리새파였음을 주장했다.[19] 로마 점령과 과도한 과세라는 정치적 위기로 고뇌에 빠져있던 유대인 중 일부는 세례자 요한과 같은 카리스마 있는 설교자들에게 기대거나 다른 형태의 비폭력 저항에 참여했지만, 또 다른 사람들은 이런 재앙들이 토라를 제대로 지키지 못한 것에 대한 하나님의 벌이라고 믿었다. 그들은 로마 당국에 반대해서 유대 공동체를 위험에 빠트리기보다는 계명을 준수하며 하나님에 충성한다면 결국

---

18 Hengel, *Pre-Christian Paul*, 19-60.
19 갈라디아서 1:14. [개역개정에서 "유대교를 지나치게 믿어"로 된 구절을 "이우다이스모스를 지나치게 믿어"로 번역한 것은 필자의 의도를 따른 것이다. 영어성경들은 이 부분을 "우리 전통 종교(our national religion: *Revised English Bible*로 대표되는 예), "우리 선조들의 전통(traditios of my fathers: *King James Bible*로 대표되는 예)"로만 되어 있고 이우다이모스란 단어를 사용한 예가 없는데도 필자가 이 표현을 사용했기에 이에 따른 것이다_옮긴이]]

보답을 받을 것이라는 결론을 내렸다. 그렇게 해야만 하나님이 자기 민족의 명예를 회복해주는 메시아의 시대를 앞당길 수 있을 것이었다.[20] 아마도 바울의 관점도 이와 같았을 것이다. 그는 바리새파 지도자들을 인정했고 군사적 보복을 불러올 수 있는 어떤 반로마적 행동도 피했던 것으로 보인다. 열정적인 사제 비느하스는 엄격한 이 유대인들에게 영웅이었다. 광야에서 지내는 동안 이스라엘인들은 현지 신들을 숭배하는 데 빠져들었고, 여호와는 그들을 역병으로 벌해서 자기 민족 2만 4천 명을 죽였다. 하지만 비느하스는 이 죄인 중 한 명과 그의 미디안인 아내를 죽임으로써 하나님의 분노를 돌렸고, 하나님의 율법에 대한 그의 이러한 충성심과 열정은 칭송을 받았다.[21] 바울이 예수 추종자 공동체들을 박해했던 것은 이런 정신에 따른 것이었다.

그럼에도 불구하고 그는 고대 전통에 더욱 충실했던 열두 사도와 예수 추종자들 중 유다인들과는 문제가 없었던 것으로 보인다. 누가에 따르면 그들은 스데반처럼 신앙을 비판하는 것과는 거리가 멀었고 매일 사원에 모여서 예배

20 Richard A. Horsley, "Introduction," in Richard A. Horsley, ed., *Paul and Empire: Religion and Power in Roman Imperial Society* (Harrisburg, PA: Trinity Press International, 1997), 206.

21 민수기 25장.

를 드렸다.[22] 존경받던 바리새인 가말리엘은 산헤드린에게 예수 운동을 내버려두라고 조언했다고 한다. 그것이 인간에게서 나온 것이라면 최근의 다른 저항 집단들처럼 자연히 떨어져나갈 것이었다.[23] 하지만 바울로서는, 예수의 그리스인 추종자들이 그가 가장 성스럽다고 믿었던 모든 것을 모욕한 셈이었다. 또한, 최근에 로마 당국에 의해 처형된 사람에게 그렇게 헌신하는 행동은 격한 보복을 불러올 것이라고 몹시 두려워했다. 바울은 예수가 죽기 전 그와 마주했던 적이 없었지만, 그는 예수가 성전을 모독하고 하나님의 율법 중 어떤 것이 다른 것들보다 더 중요하다고 주장했음을 알고서 경악했을 것이다. 바울과 같은 극단적인 시각을 가진 바리새파에게는 모든 계명을 하나하나 준수하지 않는 유대인은 유대 민족 전체를 위험에 빠뜨릴 수 있었다. 모세 시대의 고대 이스라엘인들을 처벌했던 것처럼 하나님이 그런 불신을 혹독하게 벌할 수 있기 때문이었다.

하지만 무엇보다도 바울은 십자가형을 당한 메시아라는 도가 지나친 개념에 아연실색했다.[24] 어떻게 죄를 지은 범죄자가 이스라엘의 존엄과 자유를 회복할 수 있단 말인가?

---

22 사도행전 2:46.
23 사도행전 5:34-39.
24 고린도전서 1:22-25.

이것은 완전한 억지, 그리스어로 '스칸달론scandalon' 즉 "걸림돌"이었다. 토라는 정결법에 따라 이런 사람들은 가망 없이 오염된 것이라는 단호한 견해를 보이고 있다. "사람이 만일 죽을 죄를 범하므로 네가 그를 죽여 나무 위에 달거든 그 시체를 나무 위에 밤새도록 두지 말고 그 날에 장사하여 네 하나님 여호와께서 네게 기업으로 주시는 땅을 더럽히지 말라. 나무에 달린 자는 하나님께 저주를 받았음이니라."[25] 실제로 열두 사도들은 예수가 죽은 그날 땅에 묻혔다고 주장했다. 그러나 바울은 대부분의 로마 군인들이 이러한 유대인들의 감성을 거의 존중하지 않는다는 것을 잘 알고 있었다. 따라서 그들이 예수의 시체를 십자가에 매달아 두고 새들의 먹잇감이 되게 했을 거라는 점 또한 알고 있었다. 이것이 그 사람의 잘못은 아닐지라도 그런 사람은 불경하고 이스라엘 땅을 더럽힌 것이었다.[26] 이 훼손된 시신이 하나님의 오른편으로 들려졌다는 상상은 혐오스럽고 모독적이었으며 도저히 생각할 수 없는 것이었다. 그것은 하나님과 그 민족의 명예를 논란거리로 만들고 고대하던 메시아의 도래를 연기시킬 것이었다. 그래서 바울은 이 종파를 뿌리 뽑는 것이 자신의 의무라고 생각했다.

---

25 신명기 21:22~23.
26 갈라디아서 3:13.

스데반에게 돌을 던질 때 바울은 수동적인 역할만을 했었으나 헬레네들이 계속해서 자신들의 사상을 퍼뜨리고 다니자 "각 집에 들어가 남녀를 끌어다가 옥에 넘"겼다.[27] 그는 그러한 야만적인 폭력을 쓰는 데 거리낌이 없었고 후에 그의 추종자들에게 자신이 "하나님의 교회를 심히 박해하여 멸하(eporhei)"려 했었던 것을 상기시키곤 했다. 'eporhei'는 그리스어 동사로 완전한 전멸을 의미한다.[28] 그에게 희생된 사람들은 회당에서 매질 서른아홉 번을 선고받기도 했고 얻어맞거나 스데반처럼 린치를 당하기까지 했다. 그리고 마침내 예수의 추종자 중 그리스어 사용자 공동체가 예루살렘에서 축출되었다. 누가가 설명했듯이, "예루살렘에 있는 교회에 큰 박해가 있어 **사도 외에는** 다 유대와 사마리아 모든 땅으로 흩어지니라."[29] (강조는 필자) 열두 사도들 주변에 몰려 있던 아람어 사용자 회중이 다치지 않고 남았던 반면에, 쫓겨난 헬레네들은 디아스포라에서 그들의 전도를 시작했고 "베니게와 구브로와 안디옥까지 이르러 유대인에게만 말씀을 전하"였다.[30]

그 일부는 다메섹의 회당에서 활발히 활동했으며, 누가

---

27 사도행전 8:3.
28 갈라디아서 1:13.
29 사도행전 8:1.
30 사도행전 11:19.

에 따르면 이것을 전해 들은 바울은 여전히 "주의 제자들에 대하여 여전히 위협과 살기가 등등하여" 대사제에게 가서 그들을 잡아서 예루살렘으로 끌고 와 벌할 수 있는 권한을 청하였다.[31] 하지만 바울이 당시 그 지위가 극히 위태로웠던 다메섹의 유대 공동체를 지키기 위해 더욱 열정적인 바리새파 몇 명을 파견했을 수는 있지만, 그 대사제가 디아스포라 공동체의 일에 개입했을 것 같지는 않다.[32] 30년 후 로마에 대항한 유대 전쟁 초반에 다메섹의 모든 유대인은 일괄적으로 반란죄를 뒤집어쓰고 김나지움에 몰려서 한 시간 만에 학살당했다. 로마 총독에 의해 처형되었다는 메시아를 자칭하는 자가 되살아나서 곧 그의 적들을 멸망시키러 올 것이라는 소식은 공동체 전체를 위험에 빠뜨릴 수 있었다.[33] 이 재앙을 막기 위해 바울은 길을 떠났다. 그리고 다메섹으로 가는 도중 전혀 예상치 못했던 일을 겪게 되고, 이 경험은 그의 삶을 송두리째 바꾸었다.[34]

---

31 사도행전 9:1-2.

32 Hengel, *Pre-Christian Paul*, 76-77.

33 Paula Fredriksen, "Judaism, the Circumcision of Gentiles, and Apocalyptic Hope: Another Look at Galatians 1 and 2," Journal of Theological Studies 42, no. 2(Oct. 1991): 532-64.

34 John Knox, *Chapters in a Life of Paul*, rev. ed.(Macon, GA: Mercer University Press, 1987), 95-106; Arthur J. Dewey et al., trans., *The Authentic Letters of Paul: A New Reading of Paul's Rhetoric and Meaning*(Salem, OR: Polebridge Press, 2010), 149-150; Horsley and Silberman, *The*

누가에 따르면 다메섹에 도착하기 직전에 바울은 말에서 떨어지고, 하늘에서 내려온 빛으로 눈이 멀고, "사울아 사울아 네가 어찌하여 나를 박해하느냐?"라고 말하는 목소리를 들었다. 바울이 누가 말하는 것인지를 묻자 그 목소리는 "네가 박해하는 예수라"라고 대답했고, 그에게 다메섹으로 가서 다음 지시를 기다리라고 했다.[35] 누가는 분명 바울 개종의 본질적인 면을 드러내고 있다. 그는 갑자기 자신의 위치에 끔찍한 모순이 있다는 것을 발견했던 것이다. 후에 그는 한때 자신이 가지고 있었던 완고한 광신도의 딜레마를 설명하려 애썼다. "내가 원하는 바 선은 행하지 아니하고 도리어 원하지 아니하는 바 악을 행하는도다."[36] 바울은 메시아의 도래를 앞당기기 위해 온 힘을 다하고 있었다. 그것이 그가 하려고 애썼던 "선"이었다. 하지만 진리가 압도하는 순간에, 그는 예수의 추종자들이 완벽하게 옳았

Message and the Kingdom, 122-26; Krister Stendahl, *Paul among Jews and Gentiles*(Philadelphia: Fortress Press, 1976); Martin Hengel and Anna Maria Schwemer, *Paul between Damascus and Antioch: The Un known Years*, trans. John Bowden(London: SCM Press, 1997), 39-42; Dieter Georgi, *Theocracy in Paul's Praxis and Theology*, trans. David E. Green(Minneapolis, MN: Fortress Press, 1991), 18-25.

35 사도행전 9:3-6, 22:5-16, 26:10-18.

36 로마서 7:19. ; Robert Jewett, "Romans," in James D. G. Dunn, ed., *The Cambridge Companion to St Paul*(Cambridge, UK: Cambridge University Press, 2003), 97-98.

으며 자신이 그들의 공동체를 박해함으로써 실제로 메시아 시대가 도래하는 것을 지체시켰음을 깨달았다. 그뿐만 아니라 그는 하나님에 대한 사랑과 이웃에 대한 사랑이라는 토라의 기본적인 원칙을 어겼다. 그는 율법의 온전함을 과도하게 숭배한 나머지, 하나님의 준엄한 계명인 "살인하지 말라"(신명기 5:17_옮긴이)를 잊고 있었다. "내 속사람으로는 하나님의 법을 즐거워하되 내 지체 속에서 한 다른 법이 내 마음의 법과 싸워 내 지체 속에 있는 죄의 법으로 나를 사로잡는 것을 보는도다." 후에 곤궁에 처했을 때 그는 회상했다. "나는 곤고한 사람이로다 이 사망의 몸에서 누가 나를 건져내랴."[37] 하나님은 고문당한 예수의 육신이 자신의 오른편에서 영광 속에 서 있는 것을 바울에게 보여줌으로써 이 끔찍하게 난해한 문제로부터 바울을 구해냈다. 바울은 한때는 파괴적이었던 계시의 의미를 다시 생각했다. 이는 바울이 그때까지 자신의 삶에 의미를 부여했던 모든 것을 버리게 했고, 바울은 계시의 진정한 의미를 수행하며 남은 생을 보내게 되었다. 그러나 이것은 또한 바울 자신의 내면이 깊이 해방되는 것이기도 했다.

하지만 다메섹 경험에 대한 누가의 관점 중 일부는 바울

---

37 로마서 7:22-25.

의 관점과 아주 다르다. 사도행전에서 누가는 그것을 "환상 (orama)"(사도행전 12:9_옮긴이), "황홀한 중(extasis)"(사도행전 11:5_옮긴이), "보이신 것(optasia)"(사도행전 26:19. 공동번역성서는 '계시'로 번역하였다_옮긴이)이라고 부르지만, 누가복음에서 예수의 제자들이 부활한 예수를 마주하는 대목을 서술할 때는 이 단어들을 전혀 사용하지 않았다. 누가가 믿기에는 후자의 목격은 객관적이고 물질적인 사건이었다. 예수는 십자가형을 당하기 전과 꼭 같이 그들과 함께 걷고, 먹고, 마셨다. 바울의 "환상" 경험은 이와는 아무런 유사성이 없다. 사실 누가는 바울이 실제로 결코 예수를 '본 것이' 아니라고 설명하는 데까지 나아갔다. 바울은 빛 때문에 눈이 멀었기에 목소리만 들었던 것이다. 즉, 누가는 바울을 열두 사도와 같은 방식으로 부활을 목격한 자로 보지 않았다. 하지만 바울로서는 자신의 경험에서 가장 중요한 것은 그가 실제로 주님을 '보았고' 예수가 열두 사도들에게 나타났던 것과 정확히 같은 방식으로 그에게 나타났다는 것이었다.[38] 이는 논란이 되는 주장이었으며 종종 논쟁거리가 되었다. 바울에게 있어서 사도란 부활한 그리스도를 봤던 사람이었다. 그는 이렇게 묻곤 했다. "내가…… 사도가 아니

---

38 고린도전서 9:1.

냐, 예수 우리 주를 보지 못하였느냐?"[39] 바울은 고린도에 있는 그의 개종자에게 서신을 보내며 부활의 목격을 예수 운동의 주된 전통으로 제시했다. 그는 이 서신에서 베드로, 열두 사도들, 500명의 교우, 그리고 야고보 순으로 부활을 목격한 이들을 열거하고 "맨 나중에 만삭되지 못하여 난 자 같은 내게도 보이셨느니라"라고 결론지었다.[40]

바울이 그의 종교를 바꾸지 않았기 때문에 이것은 일반적인 의미의 개종은 아니었다. 남은 평생 그는 스스로를 유대인으로 간주했으며 다메섹 경험을 온전히 유대적인 용어로 이해했다. 그는 하나님이 이사야를 불렀던 것과 똑같은 방식으로 부름을 받았던 것이다. 하나님은 예레미야와 마찬가지로 바울이 아직 어머니의 자궁에 있을 때 그를 선택했다.[41]

사도행전에서 누가가 쓴 것을 보면, 예수는 그의 제자들에게 40일이라는 제한된 기간에 나타났다가 그 이후 육신

---

39 전게서.

40 고린도전서 15:8. (예루살렘 바이블) [필자가 이 책의 신약 인용 성경으로 쓰는 *Revised English Bible*에서는 "마지막으로 그는 내게도 나타나셨는데 그것은 갑작스런 이상분만 같았다(Last of all, he was appered to me too; it was like sudden abnormal birth)"라 되어 있어 다른 성서들과 조금 다르다. 필자는 이 구절은 구약의 인용으로 사용하는 예루살렘 바이블에서 인용하였다. 예루살렘 바이블은 "그 누구도 예기치 못했던 때 나는 태어났다(I was born when no one expected it)"로 되어 있다. 개역개정은 예루살렘 바이블의 번역과 같고 공동번역성서도 같은 의미로 "팔삭동이 같은 나에게도 나타나셨습니다"로 되어 있다_옮긴이]]

41 갈라디아서 1:15; cf. 이사야 49:1, 6; 예레미야 1:5.

이 승천했다. 그래서 누가는 예수 승천 후 수년이 지나서 일어났던 바울의 환상이 본질적으로 열두 사도의 부활 목격과는 다르다고 믿었다.[42] 하지만 누가가 글을 쓴 것은 바울의 다메섹 경험 이후 수십 년이 지나서였다. 바울이 50년대 자신의 서신을 구술하고 있었을 때, 예수가 육신을 가지고 열두 사도들과 만났던 이야기들은 아직 전통의 일부가 되기 전이었다. 바울은 40일의 기간에 대해 전혀 알지 못했고 별개의 사건으로서 예수 승천에 대해 들어본 적이 없었다. 이 초창기에는 부활과 승천이 하나의 사건을 이루고 있었기 때문이다. 하나님은 예수의 육신을 무덤에서 들어 올려서 즉시 천국으로 옮겼다는 것이다. 60년대 말에 복음을 썼던 복음서의 첫 번째 저자인 마가는 그때까지도 부활을 그런 식으로 보고 있었다. 그는 예수가 죽은 지 삼 일이 지나서 안식일 이후 그의 몸에 성유를 바르러 갔던 여자들이 그 무덤이 비어 있는 것을 발견했다고 적고 있다. 한 천사가 "그는 살아나셨"다고 그들에게 알렸다. "여기에는 계시지 아니하니라." 그러자 "여자들이 몹시 놀라 떨며 나와 무덤에서" 도망쳐 버렸다. 마가는 독자들이 그 대답을 찾아야 할 질문을 남겨 둔다. "그리고 무서워하여 아무에게 아무

---

42 누가복음 24.; 사도행전 1:3-11.

말도 하지 못하더라."[43]

바울은 신비론자였다. 그는 실제로 우리가 아는 한 자신의 경험을 기록한 첫 번째 유대 신비론자이다. 초기 유대교 신비주의는 평화로운 수행 활동이 아니었다. 유대의 신비가는 하나님의 왕좌에 다다를 때까지 천국으로 올라가는 경험을 한 후 세상에 하나님의 심판이 임박했다는 무서운 소식을 가지고 돌아왔다.[44] 바울은 고린도인들에게 보내는 또 다른 서신에서 이와 정확히 일치하는 천상 비행을 묘사했고, 어떤 학자들은 이것이 그의 다메섹 경험을 말하고 있다고 생각한다.[45] 하지만 이에 동의하지 않는 사람들도 있다. 그들은 바울이 세 번째 하늘까지 올라간 자신의 경험을 당황스러워하고 모호하게 여기고 있으며 이 경험에 대해 말하기를 주저하고 있다고 지적하지만, 갈라디아인들에게 보내는 서신은 상당히 다른 모양새이다. 여기에서 바울은 예수를 만났던 다메섹 경험을 꽤 분명하게 쓰고 있다.[46] 유대 신비가는 자신의 환상을 유도하기 위해 단식을 하고 머

---

43 마가복음 16:6. 복음서에서 예수의 출현을 서술한 마지막 구절은 마가의 설명과 이후의 전통을 섞기 위해서 추가된 것이다.

44 Alan F. Segal, *Paul the Convert: The Apostolate and Apostasy of Saul the Pharisee*(New Haven, CT, and London: Yale University Press, 1990), 38-39.

45 고린도후서 12:2-4, 7.

46 Knox, *Chapters*, 101-103.

리를 무릎에 묻고 몇 시간이나 앉아 성스러운 구절들을 읊조리는 등 긴 준비 과정을 거쳤다.[47] 하지만 다메섹 경험에서는 그런 준비 과정이 없었으며 "그 누구도 예기치 못했던 때" 환상은 바울에게 난데없이 닥쳤다.

미국인 학자 알란 시걸을 살펴보면 예수의 초기 추종자들이 어떻게 부활한 그리스도의 환상을 개념화했는지 이해하는 데 도움이 될 것이다.[48] 예수의 육체가 승천한 것은 전례가 없었던 게 아니다. 아담, 에녹, 모세, 그리고 엘리야는 모두 육체가 천국으로 들어 올려졌다고 전해진다. 신비가들은 그들이 황금빛 왕좌에 앉아 있는 것을 보았다. 선지자 에스겔은 597년 바빌론에서 쫓겨난 후 유대인들의 상상력에 깊은 인상을 남길 여호와에 대한 환상을 보았다. 에스겔은 이스라엘의 하나님인 여호와가 네 마리의 기이한 짐승들이 끄는 전차를 타고 성지를 떠나 유배자들에게 합류하는 것을 보았다. 그리고 그들의 머리 위 높은 곳에서 세상에는 존재하지 않는 무언가를 보았다. "궁창 위에 보좌의 형상이 있는데 그 모양이 남보석 같고 그 보좌의 형상 위에 한 형상이 있어 사람의 모양 같더라." 사람처럼 보이는 이 형상은 "여호와의 영광('카보드kavod')의 형상"처럼 보이

---

47 Louis Jacobs, *The Jewish Mystics* (London: Kyle Cathie, 1990), 23.
48 Segal, *Paul the Convert*, 39-64.

는 불과 빛의 후광에 둘러싸여 있었다.[49] 누구도 하나님을 직접 보지는 못했지만—그것은 인간의 능력 밖이다—인간의 제한된 지각에 맞춰진 성스러운 임재의 잔광이라고 할 수 있는 하나님의 "영광"을 흘긋 볼 수는 있었다. 에스겔의 환상은 때로 이스라엘 사람들을 광야에서 약속의 땅으로 안내했던 천사와 관련이 있었다. "그의 목소리를 청종하라"고 하나님은 이스라엘 사람들에게 지시했다. "내 **이름**이 그에게 있음이니라."[50](강조는 필자) 이런 일련의 이미지들 덕분에 바울과 열두 사도들은 부활 목격 사건을 이해할 수 있었다. 그들이 예수에게 일어났던 일을 이해하는 방식은 이와 같다. 그리고 이를 통해 어떻게 예수 운동이 초창기에 그렇게나 많은 유대인에게 빠르게, 그리고 널리 받아들여졌는지를 설명할 수 있다.

천국의 왕좌에 앉아 있는 예수의 부활한 육체에서 그의 제자들은 하나님의 영광, 즉 카보드를 보았다. "우리가 그의 영광을 보니 아버지의 독생자의 영광이요 은혜와 진리가 충만하더라."[51] 바울은 그의 서신 중 하나에서 하나님의 "이름"과 "하나님의 "영광"을 담은 아주 초기의 찬양을 인

---

49 에스겔 1:26, 28; 2:1.
50 출애굽기 23:20-21.
51 요한복음 1:14.

용했다. 그 찬양의 내용은 부활한 예수, 즉 그리스도와 관련되어 있었다. 십자가에 매달린 메시아는 유한한 인간들에게 놀라운 신성의 순간을 제시했다. 예수는 심지어 십자가의 죽음까지 받아들일 정도로 "자기를 비워" 자신을 아무것도 아닌 것으로 만들었으며, 이를 통해 그런 예외적인 위치로 승격되었던 것이다. "이러므로 하나님이 그를 지극히 높여 모든 이름 위에 뛰어난 이름을 주"셨으며 이로써 모두가 "예수 그리스도를 주[키리오스]라 시인하여 하나님 아버지께 영광을 돌리게" 하였다.[52]

그는 다메섹에서 예수와 만난 것을 환상이라고 부르지 않고 '아포칼룹시스apocalupsis' 즉 "계시"로 보았다.[53] 라틴어 '레베라티오revelatio'와 마찬가지로 그리스어 아포칼룹시스도 "드러냄"을 의미했다. 그러니까 항상 거기 있었으나 드러난 적 없었던 현실로부터 너울이 갑자기 벗겨지는 것이다. 다메섹에서 바울은 자신의 눈에서 비늘이 떨어져 나간 듯했고 하나님의 본성을 완전히 새롭게 통찰할 수 있었다. 바리새인으로서의 바울에게 하나님은 온전히 순수하며 어떤 오염에서도 벗어난 존재였다. 성전에서 하나님 앞에 서 있는 사제처럼, 바리새인 역시 시체와 어떤 물리적 접촉이라

---

52 빌립보서 2:6–11.
53 갈라디아서 1:16.

도 있었다면 반드시 자신을 정화해야 했다. 생명 그 자체인 하나님은 죽음의 부패와는 거리가 멀었다. 하지만 하나님이 예수의 부정하고 모욕당한 육체를 감싸 안아서 천국의 가장 높은 곳으로 들어 올리는 것을 보았을 때, 바울은 하나님이 사실은 완전히 다른 가치 체계를 가지고 있음을 알았다. 하나님은 이런 방식으로 예수를 기림으로써, 그가 인간성에 다가가는 방법이 달라졌음을 알렸다. 로마법에 따라 죽음을 선고받은 사람에게 하나님은 말했다. "내가 네 원수들로 네 발판이 되게 하기까지 너는 내 오른쪽에 앉아 있으라." 하나님은 토라에서 특히 부정하다고, 사실상 저주받았다고 선언했던 시체를 일으키면서 예수에게 말했다. "너는 내 아들이라 오늘 내가 너를 낳았도다." 옛 규칙은 더 이상 적용되지 않게 되었다. 이제 누가 높고 누가 낮은 것인가? 누가 실제로 하나님과 가까우며 누가 멀리 있는 것인가?

바울은 갈라디아에 있는 그의 제자들에게 자신의 다메섹 경험을 묘사하며, 하나님이 "그의 아들을 이방에 전하기 위하여 그를 내 속에 나타내시기를 기뻐하셨다."라고만 말했다.[54] 의례적으로는 부정한 예수의 육체가 하나님의 오

---

54 갈라디아서 1:15-16. Segal, Paul the Convert, 13의 번역이다. [Revised English Bible에는 "이방에 선포하다(reveal him)"로 되어 있으나, 필자의 인용 구절은 "이방에 전하다(preach him)"로 되어 있다_옮긴이]

른편에 있는 것을 보았을 때, 바울은 왜 그가 이 사역을 맡게 되었는지 정확히 이해할 수 있었다. 이전에 그는 성지에서 살기로 결심했었다. 비유대인 사회는 부정했기 때문이었다. 유대인들은 비유대인 민족들을 불결하고 윤리적으로 열등하다고 보는 경향이 있었다. 하지만 하나님은 예수를 일으킴으로써 이런 속세의 기준으로 사람을 판단하지 않는다는 것을 보여 주었다. 그리고 멸시받는 자, 이 세상의 규칙과 법규에 따라 열등하다고 규정된 자들과 그가 함께한다는 것을 드러냈다. 하나님에게는 선호가 없었다. 이제 이교도 민족들에게 유일한 하나님을 알게 할 시간이었다.

2.

안디옥

2. Antioch

이제 우리는 바울의 생애 중 거의 알려지지 않은 15년 동안을 살펴보려고 한다. 누가는 이 대목에 대해 언급하지 않았고 바울 자신 역시 극히 일부분만을 보여 준다. 아마도 그 시절이 너무도 쓰라리게 막을 내려서 기억하는 것이 고통스러웠기 때문이리라. 바울은 다메섹 환상을 겪은 직후 이렇게 설명했다. "내가 곧 혈육과 의논하지 아니하고, 또 나보다 먼저 사도 된 자들을 만나려고 예루살렘으로 가지 아니하고, 아라비아로 갔다."[1] 이 서신에서 바울은 자신

---

1 갈라디아서 1:16-17.

이 예루살렘 공동체의 열두 사도들로부터 독립적임을 애써 강조했다. 그는 항상 자신은 그리스도로부터 직접 사역을 부여받았으며 예루살렘의 지도자들로부터 승인을 받을 필요가 없었다고 주장했다. 그가 이 점을 강조한 것으로 볼 때, 그렇게 열두 사도들을 고의적으로 피한 것은 상식적이지 않은 일이며 심지어 의심쩍게 보일 만한 일이었다는 것을 알 수 있다. 하지만 바울은 성도에서 환영받지 못하는 자(persona non grata)가 될 것이라고 믿었고, 그럴 만한 타당한 이유가 있었다. 예수 운동의 구성원들은 갑작스러운 그의 개종을 아주 의심쩍게 바라보았을 것이 확실하며, 또한 바울은 과거의 바리새파 지인들이 자신의 명백한 배교에 대해 보복을 가하리라고 두려워했을 것이다. 그래서 그는 사역을 완수하기 위해 예루살렘으로 가지 않고 곧바로 비유대인 세계로 길을 떠났다.

하지만 왜 베니게나 팔미라의 도시들이 아닌 아라비아로 갔을까? 이 선택에는 그럴 만한 실질적인 이유가 있었다. 팔레스타인 지역 남쪽에 있는 나바테아 왕국, 현재 요르단과 사우디아라비아 북서부를 포함하는 이 지역은 이스라엘의 가장 강력한 이웃이었다. 33년 또는 34년경, 바울은 번성한 나바테아 왕국에 도착했다. 나바테아 왕국은 향료와 금, 진주, 귀한 약재 등의 사치품들을 지중해 세계로 나르는 아라비아 남부와 페르시아 걸프의 무역로들을 신중하게 통제하며 막대한 부를 쌓고 있었다. 아레다 4세 치하에서 붉은 사암을 파내 만든 도시 페트라는 그 지역의 경이로움 그 자체였다. 나바테아 왕국에는 상당한 수의 유대인이 있었기 때문에 아마도 바울은 비교적 큰 도읍들의 몇몇 회당에서 "신을 경외하는 자들"('테오세베스theosebes'. 하나님을 믿되 율법이 정한 할례만 받지 않은 사람들을 이렇게 불렀다. 할례를 받지 않고도 아브라함의 신을 믿는 이들을 인정하는 것이 예수 운동의 큰 분기점이 되었다_옮긴이), 즉 유대 신앙을 경외하고 예배에 참여하며 경전을 즐겨 읽으나 완전하게 개종하는 길고 어려운 과정을 끝마치지는 않았던 이교도들에게 설교했던 것 같다. 유다와의 정치적, 경제적 관계는 양호했다. 아랍인들은 아브라함의 첩인 하갈에게서 얻은 첫째 아들 이스마엘의 자손으로 간주되었다.[2] 그러므로 그들은 친족 부족들이었고, 아랍인 입장에서 유대인들은 아들들을 할례시키는 아브라함 가문의 일원이었다. 선지자 이사야와 예레미야는 둘 다 최후의 날에 나바테아가 예루살렘의 여호와를 인정하는 민족들 가운데 하나가 될 것이라고 예언하기도 했다.[3] 따라서 바울은 아라비아가 자신의 사역을 시

---

2 창세기 16:3-16, 21:8-21.
3 이사야 60:7; 예레미야 12:15-17.

작하기에 가장 알맞다고 생각했을 것이다.[4]

바울이 아라비아에서의 활동에 대해 전혀 이야기하지 않고 있으므로 우리는 그 시기를 추측해볼 수밖에 없다. 그는 다메섹 경험에 담긴 의미를 생각하고 또 이를 실현하기 위해 기도하며 많은 시간을 보냈음이 틀림없다. 즉, 이러한 아라비아에서의 체류가 그에게 영향을 주었다고 말할 수 있다. 남은 생애 동안 선교사로서 바울은 제 손으로 직접 일하면서 생계를 꾸렸다.[5] 누가가 믿을 만한 전통에 근거하여 주장한 바로는, 그는 천막을 만드는 사람이었거나 가죽 세공사('스케노포이오스skenopoios')였다.[6] 후에 미쉬나(2세기 말에 편찬된 유대교 경전. 탈무드의 1부를 구성함_옮긴이)는 토라를 공부하는 학생들이 학업과 실질적인 직업을 병행할 것을 권고했다. 그래서 바울이 그의 스승, 누가의 주장대로라면 가말리엘에게서 도제 생활을 하며 기술을 배웠다는 것이 일반적인 추측이었다.[7] 하지만 이 랍비적인 관행은 2세기 중반까지도 입증되지 않은 것이었다. 천막을 짓는 일은

---

4 Horsley and Silberman, *The Message and the Kingdom*, 124-25; Hengel and Schwemer, *Paul between Damascus and Antioch*, 109-11.

5 고린도전서 4:12.

6 사도행전 18:3.

7 M. Aboth, 2:2. 바울이 가말리엘에게서 가르침을 받았다는 주장은 누가만 했고 바울은 이에 대해 전혀 언급하지 않았다. (사도행전 22:3)

아라비아에서 특히 중요해서 이 지역의 베두인들은 '사라케노이sarakenoi', 즉 "천막 거주민"으로 알려져 있었다. 바울이 정말로 아라비아에서 이 기술을 습득했다면, 그는 가죽을 자르고 천막에 물이 새지 않도록 조각들을 한데 꿰매는 법을 정확히 익혔을 것이다. 그는 매일 작업대에 구부리고 앉아 수 시간을 보냈을 것이며, 못이 박인 손은 뻣뻣해져서 그의 손글씨는 유별나게 커졌을 것이다.[8]

이 직업 덕에 바울은 경제적으로 독립할 수 있었고 때로는 살 곳을 얻을 수도 있었다.[9] 그래서 이곳은 그의 사역 배경에서 상당 부분을 차지하기도 했다. 대가들은 종종 바울이 아름다운 주랑柱廊이 있는 거대한 강의관에 모인 수많은 군중에게 설교하는 모습을 그리곤 했지만 우리는 그가 자신의 작업장에서 복음을 풀어 설명하고 있는 모습을 그려야 할 것이다. 천막 짓기는 적막한 일이었으므로 바울이 동료 작업자들과 고객들에게 예수와 하나님의 왕국을 전하는 것이 가능했다고 볼 수 있다. 작업장은 종종 아고라agora("시장")나 가게의 뒷방에 자리 잡고 있었으며 이는 이 지역의 전통이었다. 바울은 오랜 시간 일을 했기 때문에 대

---

8 Cf. 갈라디아서 6.11. 천막 장인으로서의 바울에 대한 훌륭한 학술서가 있다. Ronald F. Hock, *The Social Context of Paul's Ministry: Tentmaking and Apostleship* (Minneapolis, MN: Fortress Press, 2007).

9 사도행전 18:3, 11.

중 강연을 할 시간이 없었다. 그는 데살로니가인들에게 보내는 서신에서 "형제들아 우리의 수고와 애쓴 것을 너희가 기억하리니"라고 적고 있다.[10] 장인들은 해가 나 있는 시간을 모두 사용하기 위해서 일출 전에 일어나는 것이 관례였다. 바울은 안식일을 제외하고는 하루도 빠짐없이 종일 일했을 것이고, 제자들은 바울을 보기 위해 그의 작업대로 와야 했을 것이다.

이런 식으로 스스로 생계를 꾸렸던 사도들은 많지 않았으며, 바울의 적대자 중 몇몇은 바울이 사회의 낮은 계층에 속함으로써 복음을 불명예스럽게 만들었다고 믿었다. 하지만 다메섹에서의 경험 이후로 바울은 그러한 구분을 넘어서길 원했다. 많은 예수의 제자들과는 달리, 그는 사회적 엘리트로 태어났고 유한계급들에만 가능한 사치였던 학업에 평생 몰두할 수도 있었다. 모든 전근대 사회에서 상류층들은 일하지 않고도 살 수 있었고, 주로 이 능력이 이들을 나머지 사람들과 구분시켰다.[11] 문화역사학자인 소스타인 베블런이 설명하기를, 그런 사회에서 "노동은…… 나약함과 종속과 연관된다." 일은 단지 "불명예스럽기만 한 것이

---

10 데살로니가전서 2:9.

11 John Kautsky, *The Politics of Aristocratic Empires*, with a new introduction by the author(New Brunswick, NJ: Transaction Publishers, 1997), 178.

아니라…… 자유민으로 태어난 고귀한 자들에게는 도덕적으로 말도 안 되는 것이었다."[12] 장인들은 종종 경멸적인 취급을 받았고, 바울의 비교적 혜택받은 태생을 고려했을 때 그것은 특히 그를 힘들게 했음이 분명하다. 하지만 의도적으로 자신에게 주어진 삶의 방식을 버리고 평범한 노동자들과 연대하여 살아감으로써, 바울은 예수가 "오히려 자기를 비워 종의 형체를 가지"셨던 것과 비슷하게 "자기 비움", 즉 매일의 '케노시스kenosis'(빌립보서 2:7의 헤아우톤 에케노센 heauton ekenosen이라는 표현에서 유래한 말. 헤아우톤은 신성, 그리스도의 영광, 에케노센은 '비우다'의 의미인데 이 에케노센의 원형인 케노오kenoo에서 비롯됐다. 예수 그리스도의 자기를 낮추심을 의미한다_옮긴이)를 실천했던 것이다.[13]

실제로 바울은 그런 비천한 직업을 취함으로써 진실로 스스로 종이 되었다고 말했다.[14] 이는 힘든 삶이었다. 바울은 그와 동료 노동자들이 종종 "수고로움과 자지 못함"에 시달리며,[15] "주리고 목마르며 헐벗고," "수고하여 친히 손

---

12 Thorstein Veblen, *The Theory of the Leisure Class: An Economic Study of Institutions*(Boston: Houghton Mifflin, 1973), 41, 45.

13 빌립보서 2:7. (예루살렘 바이블) [*Revised English bible*에는 "자기를 아무 것도 아닌 것으로 만들고(made himself nothing)"로 되어 있고 예루살렘 바이블에는 "자기를 비워(emptied himself)"로 되어 있다_옮긴이]

14 고린도전서 9:19.

15 고린도후서 6:5.

으로 일을 하며," "세상의 더러운 것과 만물의 찌꺼기 같이" 살고 있다고 말했다.[16]

또한, 아라비아의 삶은 바울에게 그의 신학에서 중요한 역할을 한 아브라함의 중요성을 새롭게 인식하는 계기였다.[17] 많은 유대인들이 (모세가 하나님으로부터 토라를 받았던) 시나이 산이 나바테아 남부에 있다고 믿었다. 바울은 시나이가 나바테아의 두 번째로 큰 도시인 하그라 근방에 있다는 사실에 큰 인상을 받았다. 그 도시가 아브라함의 첩인 하갈의 이름을 딴 것으로 보였기 때문이다. 그러고 나서 바울은 토라와 하갈을 연관시켰을 것이다. 종이라는 그녀의 신분은 모세의 법을 상징했고, 바울이 믿은 것은 그리스도가 모세의 법으로부터 바울 자신을 해방시켰다는 것이었다.[18] 바리새파 자경단원이었던 자기 삶을 돌아보면서 바울은 자신이 "죄"라고 부른 것에 종속된 종이었다고 믿었다. 그는 율법이 죄와 같다는 것을 항상 단호하게 부인했었다. 그는 토라는 "좋은 것"이었으나 그가 계명을 철저히 준수했음에도 불구하고 "그 법은 나를 사로잡아" 스스로 "내 지체 속에 있는 죄의 법의 종이 되"었다고 주장했다.[19] 그러

---

16 고린도전서 4:11-13.
17 갈라디아서 3:6-9.
18 갈라디아서 4:22-24.
19 로마서 7:7, 13, 23.

므로 그는 마음으로는 선을 행하려고 하면서도 그것을 실천할 힘이 없기에 "죄의 종"인 것이다.[20] 바울에게 죄란 악마의 힘으로, 그가 말하기를 우리는 그 앞에서 사실상 무력했다. 오늘날 우리는 "죄"에 대한 그의 개념을 본능적이며 비열한 동인들과 연관시킨다. 신경학자들은 그 동인들이 우리의 뇌 속에 가장 깊숙이 있다고 말하며 그 동인들 없이는 인류가 생존할 수 없다고 주장한다. 이 충동들 때문에 우리는 어떤 위험에서 달아날 수 있고, 영토와 지위를 차지하기 위해 싸우며, 사용할 수 있는 모든 자원을 거머쥐고, 우리의 유전자를 영속시킨다. 우리가 파충류 선조로부터 물려받은 이 "나 먼저"라는 동인은 자동적이고 즉각적이며 강력하다. 그것은 종교를 포함한 우리의 모든 행동을 특징 지으며 그에 대해 저항하기란 극히 어렵다. 바울은 이전에 자신이 가졌던 율법에 대한 열정을 사악한 것으로 회고했다. 과거에 그는 자기 민족의 명예와 지위를 보존하기 위해 동료 유대인들과 싸우고 그들을 파괴하고 심지어 죽이게까지 만들었던 자기중심적 배외주의에 사로잡혀 있었기 때문이다.

하지만 하갈이 바울에게 과거의 자신을 드러내는 것이

---

20 로마서 7:14-15.

었다면, 하갈의 남편인 아브라함은 그가 앞으로 나아갈 길을 상징했다. 유대 전통에 따르면 아브라함은 언젠가 향료길(아라비아 남부에서 안디옥이 있는 시리아에 이르는 향료 무역길_옮긴이)을 따라 여행을 하면서 하나님이 그의 자손들에게 약속한 땅을 돌아보는 의례적 순회를 했다.[21] 이제 바울은 아라비아를 여행하면서 자신이 아브라함의 발자취를 따라 걷고 있다는 것을 알았다. 토라가 시나이 산에서 모세에게 모습을 드러내기 한참 전에 하나님은 아브라함이 그에 대해 가진 신실함['피스티스pistis'. 피스티스는 마태복음 8:10, 9:2, 22 등에서 믿음(faith)으로 번역되었고, 신실함(loyalty)으로도 쓰인다. 'loyalty'는 문맥상에서 복종의 의미가 있는 충성으로만 번역하기 어려울 때도 있다. 신뢰하기 때문에 생기는 마음의 의미가 있기 때문이다. 신명기 7:9에서 '천 대까지 그의 언약을 이행하시는 신실하신 하나님(God who keeps His gracious covenant loyalty for a thousand generations)'이 그 한 예다. 문맥에 따라서 필자도 피스티스를 여러 단어로 번역했듯이 이 번역본도 그에 따른다_옮긴이]을 보고 그가 올바른 사람임을 선언했다.[22] 하나님은 아브라함이 할례를 받기도 전에 이미 세상 사람들

21 Genesis Apocryphon 15-19.
22 로마서 4장.

이 그의 덕을 입을 것이라고 약속했다.[23] 바울은 이교도 세계에서 수행해야 할 자신의 사역을 생각하면서 자연스럽게 아브라함을 중심적인 표상으로 삼았을 것이다. 아브라함은 유대인으로 태어나지 않았으나 유대인의 조상이 되었고, 그런 면에서 그는 유대인이자 이교도였다. 아브라함과 마찬가지로 바울 역시 하나님의 지시로 이전의 삶의 방식을 떠나 이방인의 땅으로 떠나왔다. 그 역시도 유대인과 이교도 둘 다를 포함할 새로운 종류의 가문을 세우라는 부름을 받았던 것이었다.[24] 바울은 세례자 요한이 그의 유대 청자들에게 아브라함의 육체적 자손임에 의존하지 말라고 경고한 일,[25] 예수가 하나님의 왕국이 세워지면 멀리서 온 이교도들이 아브라함과 이삭 그리고 야곱과 한 식탁에서 먹을 것이라고 예언했던 일을 알고 있었을 것이다.[26] 그것들은 바울 앞에 놓인, 이교도의 세계로 나갈 임무를 암시했고 이를 통해 하나님이 예전에 아브라함에게 한 약속이 성취될 것이었다.

하지만 바울은 불운한 시기에 아라비아에 있었다. 34년, 헤롯 안디바스는 나바테아 영토에 침입했고, 사해 남부에

---

23 창세기 12:3. 15:6. cf. 로마서 4:1-25.
24 로마서 3:29-31.
25 누가복음 3:8Q.
26 누가복음 13:28Q.

이스라엘 사람의 거주지를 세웠다. 하지만 아레다 왕은 급습을 통해 헤롯의 용병들을 쓸어 냈고, 로마의 신뢰를 잃은 안디바스는 결국 갈리아 지방의 루그두눔(현재의 리옹)으로 유배를 당했다. 많은 유대인이 그가 세례자 요한을 처형한 대가로 하나님의 벌을 받고 몰락했다고 생각했다. 하지만 예수의 추종자들은 그것이 하나님 왕국의 도래가 임박했음을 알리는 일이라고 확신했다. 이 정치적 혼란 때문에 바울은 다메섹으로 돌아와야 했다. 바울이 다메섹에서 했던 전복적인 설교가 그 지역에서 "로마의 최고위 하수인이었던" 아레다 왕의 심기를 거슬렀던 것으로 보인다. 바울은 목숨을 구하기 위해 피신해야 했다. 바울의 친구들은 그를 광주리에 태워 성벽을 내려가게 하여 그가 도망칠 수 있게 도왔다.[27]

아레다의 영토를 무사히 빠져나간 후 바울은 예루살렘에서 베드로의 객으로 2주를 지냈다. 조심스럽고 아마도 비밀스럽기까지 한 방문이었을 것이다. 바울이 여전히 이전의 희생자들과 동료들의 보복을 두려워했을 것이기 때문이다. 그는 몸을 숨겼다. 그는 갈라디아인들에게 "주의 형제 야고보 외에 다른 사도들을 보지 못하였"다고 쓰고 있

---

27 고린도후서 11:32-33; 사도행전 9:25.

다.[28] 이 시점에서 베드로는 여전히 예루살렘 회중을 이끄는 명명백백한 지도자였으나, 토라를 더 엄격하게 지키던 예수 운동의 보수적인 진영은 야고보가 이끌고 있었던 듯하다. 그들의 이야기를 듣는 것은 매혹적이었을 것이다. 베드로는 분명 바울에게 예수에 대해 구전된 많은 이야기를 가르쳤을 것이며, 바울은 베드로에게 아브라함의 중요성에 관해 자신이 새롭게 깨달은 바를 이야기했을 것이다. 예수 운동의 유일한 지식인으로서 바울은 자신의 생각을 설득력 있게 전개했을 것이며, 이는 베드로에게 상당한 영향을 미쳤다. 그리고 베드로는 바울의 관점 일부를 받아들이게 되었다.[29]

바울은 그 2주일이 지나고 디아스포라로 돌아간 후 14년 동안 다시 예루살렘을 찾지 않았다. 길 위에 다시 선 바울은 길리기아로 떠났으나, 또다시 우리는 그곳에서의 그의 사역에 대해 전혀 알 수가 없다.[30] 아마도 그는 약속된 땅에서 아브라함이 행했던 전설적인 순회를 계속 따라갔을 것이다. 바울은 그의 자취를 좇아 지중해 연안을 여행하고 이어 동쪽으로 방향을 틀어 타우루스 지역에 간 후 유프라

---

28 갈라디아서 1:18, 23.
29 사도행전 10:1-11:18.
30 갈라디아서 1:21.

테스 강에 도달할 때까지 여행을 계속한 듯하다.[31] 유대 지형학에 따르면, 타우루스 산맥 반대편에는 대홍수 이후에 노아의 막내아들인 야벳에게 주어졌던 영토가 있었다. 언젠가는 바울이 이 이방인 영역 안으로 뛰어들 것이었지만, 그 시점에서 그는 셈족의 조상인 노아의 맏아들 셈의 땅에 남아 있는 편을 선택했다.[32] 그가 길리기아에서 교회들을 설립했을 수도 있으나 그에 대한 증거는 전혀 없다. 그 후 40년, 바울은 동부 제국에서 세 번째로 큰 도시인 안디옥으로 불려 갔다.

누가에 따르면 예수 운동은 안디옥에서 크나큰 발전을 이루었다. 안디옥에는 신을 경외하는 자들이 다른 지역에 비해 두드러지게 많았다. 이들은 예루살렘에서 추방되었던 헬레네들의 설교에 대거 몰려들고 있었다.[33] 로마나 알렉산드리아와는 달리 안디옥에는 분리된 유대 구역이 없었고, 그래서 유대 회중들은 도시 전체에 흩어져 있었다. 안디옥

---

31 Genesis Apocryphon 15-19; Hengel and Schwemer, *Paul between Damascus and Antioch*, 174-77.

32 *Book of Jubilees* 8:12. (희년서 *Book of Jubilees*는 이디오피아 정교회에 의해 경전화되었기에 이들을 이단 취급하는 개신교, 로마 가톨릭, 동방 정교회에서는 희년서를 위경僞經으로 배척한다. 작은 창세기라고도 불리는 희년서에서의 이 구절은 이렇게 끝난다. "북쪽은 야벳에게 향하였고 남쪽으로 향하는 것은 셈에게 속한다." 옮긴이)

33 사도행전 11:20-21; Hengel and Schwemer, *Paul between Damascus and Antioch*, 189-91.

사람들은 종교에 호기심이 많았다. 많은 사람이 유대교에 이끌렸고 많은 이들이 메시아의 사람들이 모인 가정 회중을 방문하고는 편안함을 느꼈다. 그들의 토착 전통은 '엔테오스enteos'("신들림")로 가득했고, 따라서 그들은 예수를 믿는 자들의 모임, 즉 성령의 영감을 받은 이들의 '글로솔랄리아glossolalia'(방언), 환영, 무아지경, 계시를 받은 예언적 발언이 가득 찬 소란스럽고 열정적인 이 모임을 즐겼을 것이다. 또한, 신을 경외하는 자들은 일단 세례를 받고 나면 주류 회당의 이등 계급으로 남는 것이 아니라 회중의 완전한 일원이 된다는 사실을 알게 되었다.

이러한 개종의 소식이 예루살렘에 도달하자 열두 사도들은 당연히 관심을 보였으나 어느 정도의 신중함이 필요하다고 느꼈다. 베드로는 신을 경외하는 자들에게 할례를 강요하지 않고 세례를 해주었으나 그렇게 많은 수는 아니었다. 아마도 이것은 하나님의 왕국이 가까이 왔다는 또 다른 조짐이었다. 선지자들이 종말에는 세상의 이교도들이 마침내 이스라엘의 하나님을 알아볼 것이라고 예언했었기 때문이다. 하지만 이 시리아인들의 신앙이 얼마나 진정한 것인가? 그들이 여전히 오래된 우상 숭배에 물들어 있는 것은 아닐까? 그들이 예언하거나 방언으로 말할 때, 그들은 진정 성령에 영감을 받았는가 아니면 자신들의 토속 신중 하나에서 그 카리스마를 찾았는가? 유대인들과 할례받지 않은 이교도들이 함께 살면서 예배하는 일이 진실로 가능한가? 이교도들이 음식에 관한 율법을 지키지 않는다면 어떻게 율법을 준수하는 유대인들과 함께 식사할 수 있을까? 열두 사도들은 바나바를 보내 조사하기로 했다. 바나바는 구브로 출신의 유대인으로 아람어와 그리스어를 할 줄 알며 그 두 세계 양쪽에 발을 걸치고 있었기 때문이다.[34] 디아스포라 유대인으로서 바나바는 유다 밖에서 유대인들과 이교도들이 함께하는 회중이 상당히 일반적이라는 것을 잘 알고 있었다. 사실 디아스포라의 회당들은 신을 경외하는 자들이 완전한 개종자가 되는 것을 막곤 했었는데, 이는 개종자가 많아지면 로마 당국이 경계하기 쉽기 때문이었다.[35] 그러나 바나바는 안디옥에 도착한 후 이교도 개종자들이 더욱 철저하게 히브리 경전의 기반을 닦을 필요가 있다고 판단했을 것이다. 그리고 바나바는 수년 동안 이교도를 대상으로 한 사역에 매달려 왔던 식자 바리새인 바울이 그들을 가르치는 데 적임자라고 생각했다. 그래서 누가가 말하듯이, 바나바는 "사울을 찾으러 다소에 가서 만나

---

34 사도행전 11:22-24, 13:1.
35 Segal, *Paul the Convert*, 86-87.

매 안디옥에 데리고" 왔다.[36]

또다시 바울은 특히 어려운 시기에, 그리고 실제로 위험한 시기에 안디옥에 도착했다. 그 전해에, 칼리굴라는 황제에 즉위하면서 자신을 신으로 선언했으며 유대 성전에 자신의 동상을 세우리라고 선언했다. 안디옥의 총독인 페트로니우스가 이를 시행하기 위해 팔레스타인으로 파견되었다. 그러나 돌레마이 항구에 도착한 페트로니우스는 인근 지방들이 황제의 명령에 대항하여 시위하는 유대 농부들과 주민들로 가득한 것을 보았다. 그들은 성전에 우상이 들어간다면 작물 수확을 거부할 것이라고 페트로니우스에게 말했고, 페트로니우스는 황제에게 그렇게 되면 연간 공물을 걷지 못하게 된다고 설명했다. 교착 상태가 이어졌고, 이는 칼리굴라의 인기가 엄청났던 안디옥에서 대단한 분노를 일으켰다. 안디옥 사람들에게 공경받던 칼리굴라의 아버지 게르마니쿠스가 이 도시에서 죽었으며, 37년 안디옥이 지진으로 파괴되었을 때 칼리굴라가 재건 비용을 지원했었던 것이다. 유대 활동가들이 페트로니우스를 저지했다는 소식이 안디옥에 도착하자 폭동이 일어났다. 회당들은 파괴되고 유대인들은 살해당했다. 바울이 안디옥에 도

36 사도행전 11:25-26.

착한 지 일 년 후에 칼리굴라가 암살되자 알렉산드리아와 안디옥의 유대인들이 항쟁을 일으켰다. 새 황제인 글라우디오는 이 봉기를 진압하였으나 유대인의 전통적인 권리를 재차 확인했으며, 그렇게 위태로운 평화가 회복되었다.

누가에 따르면 안디옥은 예수 추종자들이 처음으로 "그리스도인"이라고 불린 곳이었다.[37] 칼리굴라가 죽은 후 일어났던 폭동의 와중에, 안디옥의 제국 관료들은 빌라도에 의해 십자가에 매달린 메시아를 숭배하는 유대인들을 '그리스티아노이Christianoi'라고 부르기 시작하며 '헤로디아노이Herodianoi'와 구분했다. 헤로디아노이는 유다의 새로운 유대인 왕으로 친로마적이었던 헤롯 아그립바를 지지하고 그가 이스라엘에 부를 돌려줄 것이라고 믿었던 유대인들이다.[38] 그러므로 그리스티아노이는 이미 잠재적인 반체제파로 간주되었을 것이다. 바울은 분명 칼리굴라가 신인 척하는 것에 경악하고 안디옥 곳곳에서 황제를 숭상하는 광경에 환멸을 느꼈을 것이다. 아우구스투스 시대 때부터 이 도시에서는 율리우스 가이사와 여신 로마에게 희생제를 올렸다. 그곳에서 티베리우스 황제(r. 14-37 CE)는 자기 자신과 형제 드루수스에게 신성한 영예가 있음을 자처했었다. 하

---

37 사도행전 11:26.
38 Hengel and Schwemer, *Paul between Damascus and Antioch*, 226.

지만 바울은 아마도 그리스티아노이가 칼리굴라의 죽음 이후에 일어난 봉기에 참여하는 일을 말렸을 것이다. 그는 하나님의 왕국이 자신의 살아생전에 세워지리라 굳게 믿었고, 제자들에게 항상 하나님의 왕국을 세우기 위해 메시아가 돌아올 때까지는 "조용히 살도록" 가르쳤다.[39]

안디옥에 온 후 일 년 내내 바울과 바나바는 안디옥의 회중을 더욱 굳건한 기반에 세우기 위해 함께 일했다. 그들 두 사람은 예루살렘은 물론이고 안디옥에서도 열두 사도들과 같이 온전한 사도들로 인식되었다. 바나바는 예수 운동의 최초부터 함께했으며 예수를 직접 알 수도 있었고, 바울은 다메섹에서 받은 권능이 있었기 때문이다.[40] 안디옥에서 바울은 새로운 운동의 도입자가 아니라 예수 운동 초기에 열두 사도가 세운 기관을 보존하는 자로 여겨졌다. 세례는 여전히 이 운동의 입교 의식으로 남았다. 유대인과 이교도가 섞인 이 실험적인 공동체에서 새로운 일원이 물에서 올라올 때 반기는 세례의 외침에는 "유대인이나 그리스인이나 종이나 자유인이나 남자나 여자의 구분은 이제 없다"

---

39 데살로니가전서 4:11; 로마서 13:1-3.
40 알렉산드리아의 글레멘트(c. 150-c. 215)는 1세기 말의 저술에서 바나바가 갈릴리 지역 전도를 간 예수의 72 제자 중 한 명이라고 믿었다. (*Stromata* 2.20.112; Hengel and Schwemer, *Paul between Damascus and Antioch*, 218)

라는 특별한 의미가 담겨 있었다.[41] 이러한 태도는 예수 자신이 행했던 것이었을 테고, 복음을 안디옥에 전파했던 헬레네들은 일신교에 내재한 보편주의를 가져오는 방식으로 유대교를 오랫동안 해석해왔다. 디아스포라에서 개종한 이교도들의 할례 문제는 유대 본토에서만큼 문제가 되지 않았다.[42]

바울 역시도 열두 사도의 성찬식 전통을 이어받았다. 이 예식에 대한 그의 묘사는 현존하는 가장 오래된 복음인 마가복음과 정확히 일치하며, 이는 베드로와 관련된 전통을 기반으로 하고 있다.[43] 그것은 모두가 배불리 먹는 실제 식사였으며, 그뿐만 아니라 "기억"이기도 했다. 빵과 포도주는 예수가 체포되기 전 열두 사도들과 함께했던 최후의 만찬에서 그랬던 것처럼 "축성"되었고, 그래서 성찬식은 예수의 죽음을 의례적으로 재현하는 것이었다. 하지만 이제는 예배의 중심은 토라가 아니라 메시아였으며, 이는 성령의 열광적인 강림과 마찬가지로 유대 전통에 반하는 것이었다.[44] 안디옥에서 바울을 포함한 예수 운동의 모든 지도

---

41 Cf. 갈라디아서 3:28. (적용)

42 갈라디아서 2:3, 7-5; Hengel and Schwemer, *Paul between Damascus and Antioch*, 292-93; Georgi, *Theocracy*, 13.

43 고린도전서 11:23-32; 마가복음 14:22-25.

44 Hengel and Schwemer, *Paul between Damascus and Antioch*, 288-90.

자는 교사일 뿐만 아니라 선지자이기도 했다.[45] 그들은 공동체 정책에 관해 묵상할 때면 다른 유대 신비가들처럼 금식과 기도를 했을 것이며 아마도 머리를 무릎 사이에 파묻고 계시를 기다렸을 것이다.[46] 방언과 계시의 말들, 그리고 치유 능력에서 보이는 성령의 분출은 예수의 영광으로 풀려난 신성한 힘이 이제 세상에 능동적으로 현존함을 보여주었다.[47]

또한, 안디옥 회중은 구브로와 밤빌리아, 갈라디아에서 사역을 행했는데, 바울이 여기에 참여했는지는 확실하지 않다. 보통 바울의 첫 번째 선교 여정이라고 불리는, 전설적인 내용으로 가득한 누가의 서술은 명백히 역사적이지 않다.[48] 구브로의 총독인 서기오 바울이 복음을 받아들였다는 이야기는 현지 유대 공동체들의 "열렬한 분노"와 완전히 반대되는 내용이다. 이것은 이 운동을 유대교와 분리하려는 누가의 일관된 우려를 반영한다.[49] 하지만 이 이야기들은 또한 알려지지 않은 선교사들이 수년에 걸쳐 전한 설교의 일반적인 주제 의식을 드러낸다. 이 운동이 점차 안디옥

---

45 사도행전 13:1.
46 사도행전 13:3.
47 Hengel and Schwemer, *Paul between Damascus and Antioch*, 233–36.
48 사도행전 13:4-12; cf. 출애굽기 7:8-12; 열왕기상 18:20-40.
49 사도행전 13:12, 45.

에서부터 주변 지역들로 퍼져갔기 때문이다.[50]

하지만 안디옥 공동체의 지평이 이렇게 확장되고 있는 동안, 열두 사도가 이끄는 예루살렘 회중은 다른 문제에 직면했다. 이스라엘 땅에 또 다른 메시아가 등장했으며, 이 때문에 일어나는 일련의 일들이 예루살렘 회중을 점점 더 잠식하고 있었던 것이다.[51] 41년, 로마 제국의 가정에서 성장한 헤롯 아그립바는 칼리굴라에 의해 요르단 계곡 상부의 왕으로 임명되었다. 그는 헤롯 대왕 이후 왕권에 봉사하는 명칭을 지닌 첫 유대인이 되었다. 그는 동부로 이동하면서 알렉산드리아의 유대인들로부터 기쁨에 넘치는 환영을 받았다. 그리고 제국의 호의를 듬뿍 받은 그가 마침내 예루살렘에 도착했을 때 그의 메시아적 아우라는 더욱 확연해 보였다. 칼리굴라는 헤롯 아그립바에게 과거 그의 삼촌인 헤롯 안디바스가 다스리던 지역인 갈릴리와 베레아를 주었다. 칼리굴라가 암살당한 후에는 글라우디오가 자신을 지지한 아그립바에 대한 사의로 그를 대유다(Greater Judea)의 왕으로 만들었다. 아그립바는 이제 이스라엘 땅 전 지역을 다스리게 되었고 이 지역에서 로마의 가장 중요한 하수인이 되었다.

아그립바는 그가 다스리는 민족을 사랑했고 다윗 왕의

---

50 Horsley and Silberman, *The Message and the Kingdom*, 130-31.
51 전게서, 131-39.

자손으로서 성전 숭배의 역할을 책임지고 수행하며 그들의 환심을 사려 했다. 후에 미쉬나에서 랍비들은 초막절 막바지에 아그립바가 감상적으로 토라를 읽었던 것을 회상하곤 했다. 토라 낭송 중 메시아를 가리킨다고 널리 믿어졌던 진정으로 올바른 왕에 대한 모세의 서술에 이르렀을 때였다. 아그립바가 사람들 앞에서 눈물을 흘리며 "네 위에 왕을 세우려면 네 형제 중에서 한 사람을 할 것이요, 네 형제 아닌 타국인을 네 위에 세우지 말 것"이라는 모세의 주장을 주저하고 더듬거리면서 읽었던 것이다.[52] 어찌 에돔 출신 가문의 아그립바가 이스라엘의 왕이 될 수 있겠는가? 그러나 군중은 소리쳤다. "두려워하지 마십시오, 당신께서는 우리들의 형제**입니다!**"[53]

하지만 예수 추종자들에게 있어서 아그립바는 거짓 메시아였고 아그립바 또한 예수 운동의 지도자들에 대한 공격을 개시했다. 제일 먼저 그는 요한의 형제, 즉 예수 운동에서 베드로 다음으로 큰 지휘권을 가진 것으로 보이는 야고보를 살해했다.[54] 누가에 따르면, 아그립바는 그 후 예루

---

52 신명기 17:14-15.

53 M. Sotah 7:8. (강조는 필자)

54 마가복음 3:17; 누가복음 6:14. 열두 사도의 초기 명단을 보면 야고보는 베드로 바로 뒤에 그리고 그의 형제인 요한 앞에 나온다. 야고보가 그룹 내에서 아마도 "2인자"였을 것이다.

살렘의 엘리트들이 야고보의 처형을 묵인한 것을 확인하고
는 베드로를 체포했다.[55] 아그립바는 유대인들의 반응을 예
측하는 데 많은 신경을 썼던 것으로 보인다. 그의 주된 관
심사는 자신에 대한 사제 귀족의 충성을 유지하는 데 있었
고, 이 귀족들에게 예수와 예수 운동은 오랫동안 골칫거리
였다.[56] 하지만 누가에 따르면 베드로는 기적적으로 감옥을
빠져 나와서 그 도시를 탈출했다.[57] 그는 후에 예루살렘에
다시 나타나고는 했지만, 그곳에서 더 이상 공동체를 이끌
수는 없었다. 그리고 야고보와 베드로의 사건 이후, 우리는
나머지 사도들에 관한 이야기를 더는 듣지 못한다. 아마도
그들 또한 강제로 유배되었을 것이다.

예루살렘 민회의 새로운 지도자는 그 도시에 확고한 지
위가 있었던 예수의 형제, 야고보였다. 사딕, 즉 "의로운" 혹
은 "정의로운 자"로도 알려진 야고보는 성전에 특별한 헌
신을 쏟았다. 크리스천 역사가인 헤게시푸스(c.110-c.180)는
그가 사제처럼 아마포를 입고서 예루살렘을 걸어 다녔으
며 성전 안뜰에서 속죄일 의식과 비슷한 특별한 의례를 행
했다고 기록했다. 그는 "사람들의 용서를 구하며 종종 무릎

---

55 사도행전 12:1-2.
56 사도행전 4:6.
57 사도행전 12:17.

을 꿇었고 그래서 그의 무릎은 못이 박힌 낙타 무릎 같았다."[58] 당시의 사제 귀족들은 제국의 통치에 영합하여, 메시아적 허세에 사로잡힌 아그립바가 신성한 영역을 더럽히는 것을 내버려뒀다. 이런 상황에서 야고보는 쿰란의 정의의 스승(Teacher of Righteousness: 에세네파의 지도자_옮긴이)과 같은 대안적인 사제, 즉 이런 사제 귀족들을 대체하는 모범이 되었을 것이다.[59]

아그립바는 결국 도를 넘어섰고 로마의 신임을 잃었다. 눈부신 은빛 용포를 두르고 가이사랴에 마지막 모습을 드러냈을 때, 군중은 경탄하며 "이것은 신의 소리요 사람의 소리가 아니라"고 외쳤다. 누가에 따르면 그와 동시에 그는 교만함으로 인해 내쳐졌고 즉시 죽어버렸다.[60] 그의 아들인 아그립바 2세가 아직 성년이 되지 않았기 때문에 왕국은 다시 한 번 일련의 로마 행정관들에 의해 지배받았다. 이와 같은 로마의 직접적인 통치 재개는 이스라엘에 커다란 타격을 주었다. 그래서 야고보는 이스라엘이 정화되어야만 하나님의 왕국이 세워질 수 있다는 결론을 내렸던 것 같다. 그는 또한 많은 유대인 예수 추종자들이 널리 그랬듯이 자

---

58 Quoted in Robert Eisenman, *James, the Brother of Jesus: Recovering the True History of Early Christianity* (London: Faber and Faber, 1997), 310.
59 전게서, 353-54.
60 사도행전 12:21-23.

신이 토라를 세심하게 지킨다는 점을 내세워서 로마에 대한 저항을 이끄는 바리새파와도 접촉하기를 원했던 것 같다. 그들이 예수에 대해서 어떻게 생각하든지 간에 토라는 그 자체만의 권위와 신비로움이 있었고 수 세기 동안의 전통에 의해 인정받아 온 것이었다.[61] 할례와 음식 규제를 포함한 의례법들은 유대인들에게 아주 소중히 여겨졌다. 단지 유대인들이 다른 이들과 구별되기를 원했기 때문은 아니다. 이 의례법들이 제식만큼이나 일상생활에서도 하나님에 대한 이스라엘의 사제적 봉사를 상징하는 것이었기 때문이다. 유대인의 선조들은 유배지 바빌론에서 오랫동안 다른 민족과 분리되어 살면서 초월적인 하나님을 "분리한" 것뿐만 아니라 그들의 독특한 정체성 또한 "성스럽게" (qaddosh) 보존했다. 1세기 유대인들은 이를 잘 알고 있었다. 그들은 마카베오인들이 예배법을 지키기 위해 죽어갔던 것도 확실히 알고 있었다. 마카베오인들은 할례와 안식일 준수를 금지한 셀레우코스의 왕 안티오쿠스 에피파네스 (r.175-64 BCE)에 대항해 투쟁했었다. 또한, 그들은 안티오쿠스가 배교자 유대인들, 즉 할례를 더는 필수적으로 여기지 않는 유대인들의 지지를 받았었다는 것도 알고 있었다.

---

61 Segal, *Paul the Convert*, 190-94, 204-23.

마카베오의 항쟁(168-143 BCE)으로 인해 유대인들은 셀레우코스 제국에서 해방되었다. 유대인들은 이렇게 다시 한번 제국의 통치에서 풀려났으며, 이에 대해 많은 사람은 유대인들이 토라를 신실하게 따랐기 때문이라고 믿었다. 유대교로 온전히 개종하고 할례라는 고통스러운 고난을 거친 이교도들은 특히 이 특정한 율법에 헌신적이었다. 그들은 율법을 준수함으로써 자신들이 처해 있는 주변적 위치에서 벗어날 수 있었다. 그래서 그 율법들의 중요성을 깎아내리거나 최소화하는 어떤 시도에 대해서도 매우 비판적이었을 것이다. 예수 운동에 합류한 개종자들은 이러한 태도를 공동체에 들여왔고, 이스라엘이 진정으로 율법을 준수해야만 메시아의 재림을 앞당길 수 있다고 확신했다.

누가에 따르면 그들은 40년대 말 무렵 유다에서 안디옥으로 넘어왔던 사람들 가운데 일부였으며 교우들에게 "너희가 모세의 법대로 할례를 받지 아니하면 능히 구원을 받지 못하리라"고 가르치고 있었다.[62] 이 새로 온 이주민들은 안디옥에서 어느 정도의 지지자들을 얻었지만, 바울과 바나바는 거세게 그들과 대립했다. 바울은 수년째 비유대인들과 함께 살면서 일해왔고, "그리스도 안에서" 사는 변화

---

62 사도행전 15:1.

의 경험은 토라의 의례법과는 아무 상관이 없다는 확고한 태도를 보였다. 그는 토라를 부정할 생각은 전혀 없었다. 그리고 여전히 윤리적 계명들이 인류를 위한 가치 있는 지팡이의 역할을 한다고 여겼다. 하지만 바울은 메시아의 죽음과 부활이 모든 것을 바꾸었으며 토라의 자리를 대체했다고 믿었다.[63] 그는 율법을 지킨 적이 없는 이 이교도 개종자들이 예수의 유대인 추종자들처럼 성령의 은혜를 입었다고 여전히 생각했다. 하지만 예수 운동의 몇몇 유대 일원들은 바울을 배교자로 간주했다. 그들은 이교도 사역은 지지했지만, 이교도 개종자들이 메시아의 공동체에 속하기를 원한다면 그들이 온전한 유대인이 되어야 한다고 주장했다. 이 유다인들은 바울이 이끄는 유대인과 이교도들이 섞인 회중을 심각한 문젯거리로 여겼다. 바울이 토라의 핵심적인 가르침을 위반하지 않고서, 또 수 세기 동안 내려온 선조의 전통을 버리지 않고서도 진실로 유대인들이 이교도들과 함께 살고, 먹고, 결혼하는 일이 가능하단 말인가?

바울은 자신의 서신에서 이 비판적인 유대인들이 안디옥에 찾아온 일을 전혀 언급하지 않았다. 누가와 바울 둘 다 이 보수파들이 유다에서의 운동의 "기둥들"(갈라디아서

---

63 갈라디아서 3:23-24.

2:9_옮긴이)인 야고보, 베드로, 요한과는 다른 교회 의식을 가지고 있다는 점을 분명히 했다. 따라서 이들이 예루살렘의 지도부에 의해 파견되었다고 보이지는 않는다. 바나바가 앞서 쓴 보고서에도 불구하고, 그들은 아마 이 공동체들이 유대교와 양립할 수 없으며 그래서 메시아의 재림과 하나님 왕국의 설립에 방해된다고 생각했을 것이다. 그리고 야고보에게 이를 확실히 보여주기 위해 그들 스스로 디아스포라에 와서 이 공동체들을 조사하려고 했던 것일 수도 있다.

누가에 따르면 바울과 바나바는 유다의 이 방문자들과 열띤 토론을 벌였다. 그리고 결과적으로 안디옥의 지도자들은 바울과 바나바를 앞세운 사절단을 예루살렘에 보내 교회의 기둥들의 조언을 구하고자 했다. 그들은 48년 말 혹은 49년 초에 예루살렘에 도착했다.[64] 이 만남에 대해서는 두 가지 이야기가 있다. 누가는 이 사안의 일부를 오해한 듯 보이며 마치 안디옥인들이 사도들의 승인을 구하려고 했던 것처럼 쓰고 있다. 하지만 우리의 유일한 목격자인 바울은 갈라디아인들에게 보내는 그의 서신에서 다른 입장을 드러낸다. 이 만남은 동등한 위치에 있는 이들의 만남이었으며 운동을 분열시킬 수도 있는 문제에 대해 합리적

---

64 사도행전 15:2.

인 해결책을 찾기 위한 공동의 노력이었다는 것이다. 언제나 열두 사도들의 권위를 공고히 하려는 누가는 예루살렘 정상 회의를 참가자들의 공식적인 연설이 이어지는 공식적인 공의회로 묘사한다. 누가에 따르면 회의의 마지막에 야고보는 후대 역사가들에게 사도령(Apostolic Decree)이라고 알려진 권위적인 발표를 했다. 반면, 바울의 설명으로는 그와 동료들은 단순히 교회의 기둥들, 즉 야고보, 게바(베드로_옮긴이), 요한과 "사사로이" 대화를 가졌을 뿐이다.[65]

바울은 교회의 기둥들에게 안디옥에서 행하는 일들이 진정으로 예수 운동의 이상에 걸맞은 일이라는 확신을 주고자 했다. 그리고 이런 희망을 품고 이교도 사역의 진전 사항을 보고하며 논의를 시작했다.[66] 불행히도, 바울에 따르면 이 비공식적인 대화는 "그리스도 예수 안에서 우리가 가진 자유를 엿보고 우리를 종으로 삼고자" 하는 "거짓 형제들이 가만히 들어온" 것 때문에 방해를 받았다.[67] 바울과 바나바는 그리스 개종자 중 한 명인 디도를 예루살렘에 데려와서 교회의 기둥들에게 이 이교도들이 진정으로 예수의 유대인 추종자들과 같은 성령의 임함을 받았다는 것을

---

65 갈라디아서 2:2.
66 전게서.
67 갈라디아서 2:4.

보여주고자 했다. 하지만 바울은 디도의 존재가 문제를 악화시킬 수도 있다는 것을 알았다. 그가 예상했던 대로 "침입자들"은 디도가 그 자리에서 할례를 받도록 요구했던 것으로 보인다. 하지만 바울의 주장은 너무도 강력했고, 디도의 영성은 너무도 진실했다. 결국, 교회의 기둥들은 디도에게 강제로 할례를 행하는 것에 반대했으며, 바울은 그들이 *"내게 의무를 더하여 준 것이 없다"*(강조는 필자)라고 강조하고 있다. 오히려 "그들은 내가 무할례자에게 복음 전함을 맡은 것이 베드로가 할례자에게 맡음과 같은 것을 보았고 베드로에게 역사하사 그를 할례자의 사도로 삼으신 이가 또한 내게 역사하사 나를 이방인의 사도로 삼으셨"음을 인정한 것이라고 쓰고 있다.[68] 바울과 바나바, 그리고 교회의 기둥들은 모두 악수를 했고, 두 가지 조항이 들어가 있는 공식적인 합의서를 작성하여 봉인했다. 첫 번째 조항은 유대인에 대한 베드로의 사역과 이교도에 대한 바울의 사역이 동일하게 유효하다는 것, 그리고 "어떤 새로운 의무도" 할례나 의례 준수의 방식으로 요구되지 않는다는 것이었다.[69] 두 번째 조항은 디아스포라 공동체들이 "가난한 사람들을 기억하라"는 것이었으며, 바울에 따르면 이는 "나도

---

68 갈라디아서 2:7-8. (강조는 필자)
69 갈라디아서 2:9b.

본래부터 힘써 행하여 오던 일"이었다.[70]

그 이후 수년 동안 이 두 번째 약정은 바울에게 새로운 의미가 된다. 처음에 이 약정의 의미는 단순히 예수의 본래 사역을 이어 가는 것, 즉 가난한 자들을 향한 사역을 지속하는 일의 중요성을 상기시키는 정도였다.[71] 하지만 여기에는 더 구체적인 의미도 들어 있었다. 마카베오 시대 이래로 유대인 집단들은 자신들이 진정한 이스라엘인, 숨어서 억압받고 박해받는, 최후의 날에 남은 자들이라고 믿었다. 또한, 그들 자신을 "가난한 사람들"(히브리어로 '에비오님 evionim')이라고 불렀다.[72] 쿰란 분파와 예루살렘의 예수 공동체는 둘 다 스스로 그렇게 칭했다. 그러므로 "가난한"이라는 단어는 "올바른" 혹은 "의로운"과 동의어였다. 이스라엘의 죄인들을 위해 끊임없이 기도를 올린 사덕 야고보는 성도의 중심부에 사는 에비오님에게 유대적인 경건함의 전적인 전형이 됐다.[73] 그러므로 교회의 기둥들은 서서히 일어나고 있는 종말론 드라마에서 예수 운동의 디아스포라 민회들에게 중요한 역할을 할 것을 기억해 달라고 요청했다. 메시아가 돌아오면 디아스포라 민회들이 그를 맞이하

---

70 갈라디아서 2:10.

71 Horsley and Silberman, *The Message and the Kingdom*, 142.

72 Georgi, *Theocracy*, 34-41.

73 Eisenman *James, the Brother of Jesus*, 226-27.

기 위해 예루살렘으로 올 것이었기 때문이다. 바울은 열정적으로 이를 수행하고자 했다. 그는 이 운동의 역사적인 중심이 예루살렘이라고 생각했다. 그는 이교도 세계에 있는 자신의 개종자들이 이에 주목할 수 있도록 하겠다고 약속했다.

하지만 할례와 토라의 엄격한 준수라는 문제는 사라지지 않았다. 예루살렘 회의에서 긍정적인 결과가 나오기는 했지만, 바울의 설명은 혹독하고 방어적이다. 그 "침입자들"은 야고보에게 압력을 행사했고, 안디옥인들이 예루살렘을 떠난 후 신랄한 논쟁이 계속됐다. 이 압박의 결과, 얼마 지나지 않아 야고보는 예수의 이교도 추종자들에게 "새로운 의무를 부과"했다. 이 덧붙여진 내용은 누가가 인용한 사도령을 반영했을 것이다. 야고보는 이 운동의 모든 이교도 구성원들에게 다음과 같이 알렸다. "성령과 우리는 이 요긴한 것들 외에는 아무 짐도 너희에게 지우지 아니하는 것이 옳은 줄 알았노니 우상의 제물과 피와 목매어 죽인 것과 음행을 멀리할지니라. 이에 스스로 삼가면 잘되리라."[74] 이는 보수적인 유다인들을 달래기 위해 만든 절충안으로 보이나, 여기에는 치명적인 약점이 있었다. 이 절충안

---

74 사도행전 15:28-29.

은 이스라엘 사람들뿐 아니라 그들과 함께 사는 "이방인"
또는 "외국인"(ger)에게도 이 음식의 제한들을 적용하는 레
위기의 결정에 기반을 두고 있었다.[75] 일단 야고보가 이 사
도령을 도입하고 나자, 바울을 비판하는 자들은 틈새를 발
견했다. 이교도 예수 추종자들이 단순한 "이방인"(gerim)이
라면, 그들은 여전히 외부인이며 아브라함의 자손이 아니
었다. 그리고 유대인들이 할례받지 않고 토라를 지키지 않
는 이 이교도들과 함께 성찬식을 한다면 그들은 토라를 위
반하는 셈이 되는 것이었다.

갈등은 안디옥에서 터져 나왔다. 베드로는 그곳을 방문
하여 처음에는 이교도 신자들과 함께 식사했으나, 바울이
말한 바로는 "야고보에게서 온 어떤 이들이 이르자" 그들
의 반대를 두려워하며 이 식탁 교제에 모습을 드러내지 않
았다. 다른 이들은 어느 정도 해오던 대로 따랐으나, 마침내
바울만이 이교도 형제자매들과 같은 상에 앉아 식사하는
안디옥 공동체의 유일한 유대인으로 남게 되었다. 바울이
후에 비통하게 회고하기를, 바나바마저도 "그들의 외식에
유혹되었"다. 이는 아마도 그의 삶에서 가장 고통스러운 단
절이었을 것이며 그가 이후에 안디옥에 관해 이야기하는

---

75 레위기 17:5-11.

것을 왜 그렇게 어려워했는지 설명해준다. 전 공동체가 참석한 가운데 바울은 분노하여 베드로의 배신을 비판했다. 바울은 이교도들을 주의 성찬식에 들이는 일이 어떤 새로운 것도 아님을 항변했다. 이는 "복음의 진리"였으며 예루살렘에서 막 인가를 받은 것이었다. 그것은 누구도 메시아의 잔치에서 제외되어서는 안 된다는 예수 가르침의 정수였다. 규칙을 바꾸고 세례의 확인을 배반한 것은 야고보였다. "유대인이나 헬라인이나…… 다 그리스도 예수 안에서 하나이니라."[76](갈라디아서 3:28_옮긴이)

바울은 하나님의 성령으로 충만한 이교도들이 그들의 방식으로 유대인 형제자매들과 함께 기도하지 않는다면 하나님의 왕국은 오지 않는다고 강렬하게 믿었다.[77] 하나님이 이사야에게 "여호와께 연합한 이방인은 말하기를, 여호와께서 나를 그의 백성 중에서 반드시 갈라내시리라" 하면서 "내가 곧 그들을 나의 성산으로 인도하여 기도하는 내 집에서 그들을 기쁘게 할 것이며…… 내 집은 만민이 기도하는 집이라 일컬음이 될 것임이라"라고 말하지 않았던가.[78] 이는 예수가 성전에서 환전상들을 내쫓으며 부르짖었던 말

---

76 갈라디아서 2:11-15. (누가복음 5:29-35_옮긴이)
77 Horsley and Silberman, *The Message and the Kingdom*, 143-44.
78 이사야 56:3, 7

이었다. 그렇다, 야고보가 헌신하는 예루살렘의 개혁은 중요하다. 하지만 야고보는 하나님의 또 다른 명령을 잊었다. "네가 나의 종이 되어 야곱의 지파들을 일으키며 이스라엘 중에 보전된 자를 돌아오게 할 것은 매우 쉬운 일이라. 내가 또 너를 이방의 빛으로 삼아 나의 구원을 베풀어서 땅 끝까지 이르게 하리라."[79]

안디옥의 비극적인 분쟁 직후, 바울은 다른 길을 선택했다. 그는 상처받고 슬픔에 빠진 채 자신의 사역이 폐허가 되었다고 느끼면서 바나바와 결별했다. 그리고 안디옥 공동체의 선지자 중 하나였던 실라와 함께 "땅 끝"까지 닿는 사역에 착수했다. 그는 이제 복음에 충실한 이는 자신뿐이라고 확신했으나 그의 유대 동료들은 당연하게도 배신감을 느꼈을 것이다. 예루살렘에서 그렇게 긍정적으로 합의되었던 모든 것에 그가 등을 돌렸다고 여겼을 것이기 때문이다. 이 시점부터 바울은 이 운동의 많은 이들에게 의심쩍은 눈초리를 받게 되었다. 그들은 사도로서의 바울의 지위를 부정했고, 그를 배교자라고 비난했고, 그의 신학과 설교 방식에 경멸을 퍼부었다. 논란이 끊이지 않은 그러한 환경은 심지어 바울의 죽음을 재촉하기에 이르렀다.

---

79 이사야 49:6.

3.

야벳의 땅

3. Land of Japheth

   지금까지 바울은, 약속된 땅의 가장자리를 돌았던 아브라함의 전설적인 여정을 따라가면서 유대인들이 셈족의 땅이라고 불렀던 곳에서 이교도들을 향한 사역을 수행해 왔다. 이제 그는 다소 영역을 벗어나서 그리스인, 마게도냐인, 프리기아인, 아나톨리아인들의 조상인 야벳의 땅에 복음을 전하겠다고 결심했다. 야고보와 그의 지지자들은 아마도 그가 분노하여 유대교에서 등을 돌렸다고 생각했겠지만, 바울은 자신이 유대인이라는 것을 절대 잊지 않았다. 이 이방인의 세계로 들어가면서 그는 유다 출신으로 아람어를 하는 유대인인 실라와 동행했으며 실라의 존재는 그

운동의 역사적 뿌리를 상기시키는 상징이었다. 루스드라에
서 이 둘에게 유대인 어머니와 그리스인 아버지를 둔 디모
데라는 젊은이가 합류했다. 그래서 법적으로 유대인인 바
울은 여정을 시작하기 전에 "그 사람들이 그의 아버지는
헬라인인 줄 다 알기" 때문에 먼저 그를 할례시켰다고 누
가는 쓰고 있다.[1] 이것은 사실일 수도 있고 아닐 수도 있으
나, 누가는 안디옥의 분쟁에도 불구하고 바울이 그의 계명
을 준수하여 유대인들에 대한 베드로의 사역을 신중하게
존중하고자 했음을 보여주려고 했다. 후에 유대인 추종자
들은 바울이 디아스포라 유대인들에게 "모세를 배반하고
아들들에게 할례를 행하지 말고 또 관습을 지키지 말라 한
다"고 비난하는데, 누가는 이들의 주장이 틀렸다는 것을
암시하는 것이다.[2]

이 셋은 루스드라에서 새로운 개종자를 만들지 않았는
데, 이곳은 이미 안디옥의 선교단들에 의해 복음이 전해졌
던 곳이었기 때문이다. 바울은 다른 사도의 영역에서 절대
설교하지 않는다는 것을 항상 원칙으로 하고 있었다. 그의
반대파들은 지키지 않는 예의였다. 그들이 다소 지역을 떠
나면서 어떤 길을 택했는지는 학자들의 의견이 갈린다. 몇

---

1 사도행전 16:1-3.
2 사도행전 21:21; Segal, *Paul the Convert*, 218-19.

몇 학자들은 그들이 에게 해를 향해 북서쪽으로 길을 떠났다고 믿고 있다. 바울이 그의 서신에서 이 여정에 대한 정보를 전혀 주고 있지는 않지만, 그들은 아마도 갈라디아 고원들에 있는 마을들을 향해 북쪽으로 여행했던 듯하다. 이곳은 완전히 낯선 영역이었다. 길리기아나 시리아와는 달리 여기에는 유대 공동체들이 거의 없었고, 유대인들은 소아시아의 이 익숙하지 않은 지역까지 멀리 여행하는 일도 거의 없었다. 바울은 처음에는 그곳을 개종하는 것에 주저했을지도 모른다. 누가에 따르면 성령이 그들에게 아시아에서 설교하지 말라고 지시했다.[3] 하지만 그는 병에 걸렸고 여행을 계속할 수가 없었다. 후에 그는 갈라디아 제자들에게 그들이 자신에게 큰 친절을 베풀었다고 회고했다. "내가 처음에 육체의 약함으로 말미암아 너희에게 복음을 전한 것을 너희가 아는 바라. 너희를 시험하는 것이 내 육체에 있으되 이것을 너희가 업신여기지도 아니하며 버리지도 아니하고 오직 나를 하나님의 천사와 같이 또는 그리스도 예수와 같이 영접하였도다."[4] 예수는 제자들을 갈릴리의 마을들로 보내면서, 그들이 문을 두드려 도움을 요청하고 집주인들이 열정적으로 그들을 맞아들일 때 마침내 하나님의

---

3 사도행전 16:6.
4 갈라디아서 4:13-14.

왕국이 도래한 것이라고 말했다. 바울은 낯선 야벳의 땅으로 첫 모험을 시작하면서 이를 직접 경험했다.

우리는 바울이 어떻게 그의 이교도 청자들에게 가르침을 폈는지 알지 못한다. 그의 서신은 단지 특정한 공동체의 사안들만 언급한 정도이고, 그 속에서 우리는 그가 말로 전한 설교의 일부만을 잠시 엿볼 수 있을 뿐이다. 그러나 그의 서간들을 보면 그의 청자들이 항상 그의 전언을 완전히 이해했던 것은 아니었다. 전혀 다른 문화적 전제와 기대들을 품은 사람들에게 이야기해야 했기 때문에 바울은 소통에 어려움을 느꼈다. 그러나 그는 청자들이 가진 전통과 기존의 사고에 들어맞도록 복음의 핵심 가르침을 뛰어나게 응용해냈고, 그 과정에서 예수라는 인물은 점차 변모하여 지역마다 새로운 차원을 입게 되었다. 바울은 애초부터 역사적인 예수의 모습에 그다지 관심이 없었다. 그리고 바울이 이교도 세계에 더욱 깊숙하게 들어갈수록, 그가 전한 그리스도의 메시지는 점점 더 이런 예수와 멀어져 갔다. 바울에게 있어 역사적인 예수보다 훨씬 더 중요했던 것은 예수의 죽음과 부활, 즉 역사를 바꾸고 신앙과 인종에 상관없이 모든 민족의 운명을 바꿨던 그 우주적인 사건들이었던 것이다. 바울이 그의 제자들에게 약속하길, 그들이 예수의 케노시스를 자신들의 일상적인 행동에서 모범으로 삼는다

면 그들은 새로운 자유를 가져다주는 영적인 부활을 경험
할 수 있을 것이었다.[5] 바울이 갈라디아인들에게 말하기를,
메시아는 "하나님, 곧 우리 아버지의 뜻을 따라 이 악한 세
대에서 우리를 건지시려고 우리 죄를 대속하기 위하여 자
기 몸을 주셨"던 것이다.[6]

바울은 자신의 다메섹 환상 경험을 파괴적이고 분열적
인 "죄"의 힘과의 결합에서 해방된 것으로서 경험했다. 그
리고 자유란, 갈라디아인들을 향한 그의 전언의 주제였던
것으로 보인다. 갈라디아인들은 예수의 가르침을 들었던
갈릴리의 유대인들과 어떤 면에서는 그다지 다르지 않았
다. 그들은 인도-유럽 민족인 아리아 골Gaul(현재의 북부 이
탈리아 프랑스 등지를 포함하는 유럽 서부의 고대명_옮긴이)로서,
그들의 토착 언어는 웨일스어나 게일어와 같은 어족이었고,
기원전 3세기 초에 유럽에서 이주해 와서 현재 터키 중앙-
북부인 지역에 정착했다.[7] 유랑 전사 민족인 그들은 용병으
로 고용되어 일했고, 마침내는 정주 방식에 적응하여 민회
를 구성했다. 그리고 그 민회가 다스리는 농경 공동체를 이
루어 살면서 앵글로색슨 서사시인 「베어울프」에서 묘사된

---

5 Horsley and Silberman, *The Message and the Kingdom*, 158-61.

6 갈라디아서 1:3-4.

7 Horsley and Silberman, *The Message and the Kingdom*, 149-52; Dewey et al., trans., *Authentic Letters of Paul*, 37.

것과 흡사한 잔치를 왁자지껄하게 열어 자신들의 고대 영웅들의 업적을 기렸다. 또한 그들은 정의를 시행하는 사나운 여신을 어머니 여신으로 섬겼다. 종종 마을에 우뚝 솟아 있는 산과 동일시되는 이 여신을 기리며 젊은 남성들은 스스로 거세를 하곤 했다. 이와 같은 의식은 어머니 여신의 주요 숭배소에서 열린 난장판의 제례에서 이루어졌다. 그런데 도대체 이 야만적인 켈트족과 예수 및 그의 유대인 추종자들 사이에 어떤 공통점이 있단 말인가?

하지만 바울은 곧 유다인들이나 갈릴리인들과 마찬가지로 갈라디아인들 역시 비교적 최근에 로마에 정복당했으며 여전히 제국의 통치에 맞서 싸우고 있다는 것을 깨달았다. 이 지역은 기원전 25년에 로마에 부속되면서 주둔군과 몇몇 가신을 거느린 로마 장관의 지배를 받는 갈라디아 지방이 되었다. 갈라디아인들은 자신들의 땅이 부재지주의 거대한 사유지로 바뀌면서 로마 경제에 동력이 되는 작물들을 생산하게 되는 과정을 지켜보았다. 이전에 갈릴리인들이 겪었던 것과 마찬가지였다. 점차 갈라디아인들의 문화역시 로마화 되어 갔다. 그리스-로마 신들이 그들의 판테온에 침투해 들어왔고, 충성스러운 신민으로서 황제에 대한제국의 숭배에 참여할 것을 요구받았다. 농업 잉여는 로마를 대신하는 현지 귀족들에게 징발당했고 모든 전근대 농경 국가들에서와 마찬가지로 이 전사들도 농노와 다를 바 없는 처지로 내몰렸다. 이들은 세리들과 십장들에게 삶을 저당 잡히고 겨우 입에 풀칠만 하면서 살아갔다. 두려움을 몰랐던 이 영웅들의 종족은 끊임없이 곡물을 날라 세금을 바쳤으며, 이제 제국의 자본을 불리기 위한 목적으로만 존재하게 됐다. 갈릴리와 유다에서와 마찬가지로 조공량을 맞추지 못하면 그들은 빚의 악순환에 빠져들었고, 부족의 땅을 팔거나 아니면 미래의 수확물을 저당 잡혀야 했다. 아마도 49년 말경에 갈라디아에 온 바울에게 이 모든 상황은 낯익은 것이었다. 후에 바울이 갈라디아인들에게 쓴 서신을 통해, 우리는 그가 무엇을 요구했는지 추측할 수 있다. 바울은 갈라디아인들에게 의존하고 복종하는 노예근성과 함께 제국의 질서를 지탱하는 그들 통치자의 그리스-로마 종교를 버리라고 촉구했을 것이다. "그러므로 굳건하게 서서 다시는 종의 멍에를 메지 말라."[8]

바울의 그리스도 환상은 마카베오 전쟁 이후 이스라엘에서 발전했던 유대 묵시록 전통에 뿌리를 두고 있었다. 셀레우코스의 왕 안티오쿠스 에피파네스가 '이우다이스모스'를 전멸시키려고 한 이래로 율법학자들, 신비가들, 그

---

8 갈라디아서 5:1.

리고 시인들은 제국의 문화에 저항하는 신비적 영성을 발전시켜 왔다.[9] 이 유대 신비가들이 경험했던 우주적 재앙과 성스러운 여정의 환상들은 단순한 소원성취의 환상만이 아닌, 제국 권위에 대한 통찰력 있는 비판이기도 했다. 더 중요한 점은, 이 신비가들이 억압하는 통치자들의 멸망과 이스라엘의 해방을 강렬하게 묵상하며 이 환영들을 통해 언젠가는 이스라엘 백성이 자유를 찾게 될 것이라고 확신했다는 것이다. 그들은 자신들의 성스러운 전통을 지키기 위해 죽었던 순교자들을 경외했고, 그들이 집단 부활해서 죽음으로부터 일어나거나 하나님에 의해 천국으로 올려질 것이라고 믿었다. 바리새파인 바울 역시 신비가였으나그의 다메섹 '아포칼룹시스'는 중요한 두 가지 면에서 기존의 종말론과는 달랐다. 첫째로, 바울은 예수의 죽음 안에서 하나님이 '이미' 역사에 결정적으로 개입했으며 하나님이 예수를 무덤에서 일으켜 세웠을 때 보편적인 부활이 시작되었음을 확신했다. 둘째로, 바울은 하나님 최후의 해방

9　Robert Jewett, "Response: Exegetical Support from Romans and Other Letters," in Richard A. Horsley, ed., *Paul and Politics: Ekklesia, Israel, Imperium, Interpretation* (Harrisburg, PA: Trinity Press International, 2000), 93. (이 주석에 제시된 로버트 제윗의 주장에 의하면 가장 두드러진 반제국 유대 문헌은 유대 묵시록이다. 유대 묵시록은 그들의 전통적인 생활 양식을 고수함으로써 제국에 저항할 것을 고무시키고 있다. 전게서, 94_옮긴이)

에는 이스라엘만이 아니라 모든 인류가 포함될 것이며, 그래서 그 안에서 세상의 모든 민족이 축복을 받으리라는 아브라함과의 고대 약속이 성취될 것이라고 믿었다.

바울이 갈라디아인들을 찾아간 지 약 4년 후 그는 그들에게 서신을 쓰기 시작했는데, 바울은 그들이 아브라함의 이야기를 알고 있으리라 생각했다. 그래서 그의 본래 설교에 이 내용이 등장했을 것이었다.[10] 하지만 바울은 제국의 선전에서 흔히 쓰이는 용어들을 전복적인 의미로 이 서신들에 사용했다. 가장 놀라운 것은 그가 신이 세상에 예수를 세우고 그에게 메시아라는 이름을 부여했다고 하는 "좋은 소식(Good news)", 즉 "복음"이라는 뜻의 '유앙겔리온 euangelion'이라는 말을 사용한 것이었다.[11] "구원자('소테르 soter')" 아우구스투스가 온 세상에 "평화('에이레네eirene')와 안전('아스팔레이아asphaleia')"의 시대를 세웠다는 "좋은 소식들(good news)"은 비문들, 주화들, 그리고 공공 제례에서 쓰이며 로마 제국 전역에 선포되었었다. 하지만 곳곳에서 새들의 먹잇감이 되어 끔찍하게 찢기고 뜯긴 반역자들의 고문당한 시체가 내걸린 십자가를 볼 수 있었다. 이는 팍스 로마나가 잔혹함과 폭력으로 유지되고 있음을 끊임없이 상

---

10 갈라디아서 3:6-10.
11 갈라디아서 1:6ff.

기시켜주었다. 바울의 유앙겔리온으로 인해 십자가형을 당한 구세주는 "이 악한 세대"(갈라디아서 1:4_옮긴이)로부터의 해방이 빠르게 다가오고 있다는 상징이 됐다.

바울은 후에 그가 갈라디아에서 복음을 선포할 때 일어났던 자발적인 치유와 엑소시즘, 방언들을 회고했다.[12] 성령이 갈라디아인들에게 자유의 정신을 북돋을 용기를 주었던 것이다.[13] 바울은 세례 후 갈라디아인들이 뜨겁게 외치며 드러냈던 열정적인 확신을 항상 기억했으며, "하나님이 그 아들의 영을 우리 마음 가운데 보내사, 아빠 아버지라 부르게 하셨느니라"라고 적었다. 그리스어 동사 krazein("울부짖다")는 무아지경 속에서 불쑥 튀어나오는 기쁨의 외침을 의미한다. 그들은 세례를 받는 물에서 올라오면서 이제는 노예가 아니라 하나님이 아브라함에게 한 약속의 자녀이자 상속자임을 확신했다.[14]

바울이 소아시아를 찾아갔을 때, 이곳의 시골 지역들에도 로마 문화가 침투해 가고 있었다. 모든 곳의 피식민지인

---

12 갈라디아서 3:2-5; Knox, *Chapters*, 115.

13 갈라디아서 5:18.

14 갈라디아서 4:6-7; Horsley and Silberman, *The Message and the Kingdom*, 150. [아빠! 아버지!(Abba! Father!) 'Abba'는 아버지를 의미한다. 이 때문에 그리스 정교회 일부에서는 대주교를 부를 때 사용한다. cf. 마가복음 14:36; 로마서 8:15_옮긴이]

들과 마찬가지로 갈라디아의 농부들은 강요된 문화 변용에 뒤따르는 정체성의 상실을 겪고 있었을 것이다.[15] 로마인들은 자신들이 세상을 지배하고 야만적인 민족들에게 문명을 가져오도록 신에 의해 임명되었다고 믿었고, 그래서 이 이민족들을 동등한 조건에서 대하는 것은 불가능했다. 이런 종류의 이원성은 고대 세계로부터 내려온 개념으로, 유대교의 '고임goyim'["열방들(the nations)". 고임은 히브리어로 비유대인이다. 신명기 8장에 "열방과 같이 우리에게도 왕을"이란 표현이 나온다_옮긴이]을 윤리적으로 열등하게 보는 유대적 개념과 안디옥에서 그렇게 파괴적으로 드러났던 태도에서 명백하게 나타났다. 경멸받는 "열방들"이 유대인들과 완전히 평등해질 수 있다는 바울의 확신은 사회의 근본적인 전제에 도전하는 것이었다.[16] 하지만 로마화 되어 가는 자신의 사회를 지켜보던 몇몇 갈라디아인들은 다른 지점에 이끌렸을 수 있다. 그들은 제국에서 예외성을 인정받은 민족집단인 이스라엘과 연계하여 로마로부터 어느 정도 거리를 유지하는 일이 가능하다고 여겼을 것이다. 그들은 바울이 좀 더 급진적인 어떤 것을 주장하고 있음을 이해하지 못했

---

15 Neil Elliott, "Paul and the Politics of Empire: Problems and Prospects," in Horsley, ed., *Paul and Politics*, 34.

16 Dewey et al., trans., *Authentic Letters*, 14.

다.[17] 바울은 후에 자신의 서신에서 그들에게 현재의 사악한 시대를 특징짓는 기존의 인종적, 사회적, 문화적 분류들이 십자가와 함께 사라질 것이라고 상기시켰다. "누구든지 그리스도와 합하기 위하여 세례를 받은 자는 그리스도로 옷 입었느니라. 너희는 유대인이나 헬라인이나 종이나 자유인이나 남자나 여자나 다 그리스도 예수 안에서 하나이니라."[18]

하나님 왕국의 실현은 감정적인 흥분으로는 불가능하며 일상에서 맑은 정신으로, 실천적으로 구체화해야 한다. 갈라디아인들은 평등함을 특징으로 하는 대안 공동체를 만듦으로써 노예근성과 인종적 편견에서 해방되어야 했다. 이 공동체가 바로 바울이 말하는 "그리스도 안에서"의 삶이었다. 그는 자신의 회중을 '에클레시아ekklesiai'("민회")라고 부르면서, 은연중에 이를 로마의 하수인으로서 각 지방의 민중들을 지배하는 지역 귀족들의 공식적인 에클레시아에 대한 도전으로 여겼다. 또한, 이 용어는 갈라디아인들에게 자신들의 마을 민회를 떠오르게 했을 것이다. 로마의 지배가 시작되기 전, 갈라디아인들의 마을 민회는 자신들의 공동체를 다스리면서 모든 부족민의 안녕에 대한 책임

---

17 Elliott, "Paul and the Politics of Empire," in Horsley, ed., *Paul and Politics*, 34.
18 갈라디아서 3:27-28.

을 매우 진지하게 수행했었다. 예수는 정신적으로, 영적으로, 그리고 어느 정도는 경제적으로 로마 지배권으로부터 독립된 상호 지원적인 공동체들을 세움으로써 하나님의 왕국을 실현하고자 했었다. 그래서 바울 역시도 갈라디아인들에게 모두에게 예외 없이 적용되는 법체계를 만들 것을 촉구했다. 바로 사람들을 계급으로 구분하지 않고 한데 통합시켜 동등한 가치를 부여하는 법체계이다. "온 율법은 네 이웃 사랑하기를 네 자신 같이 하라 하신 한 말씀에서 이루어졌나니"라고 바울은 갈라디아인들에게 말했다.[19] 그들은 자신들을 분리시키는 비열한 열망들, 즉 "분쟁과 시기와 분냄과 당 짓는 것과 분열함" 등을 초월해야 했다.[20] 자기 자신을 비우는 사랑의 법칙이 "그리스도의 율법"이었다. 지역 귀족들의 에클레시아가 그 우월한 지위를 뽐내고 있을 때, 메시아의 에클레시아는 예수의 케노시스를 따랐다. "만일 누가 아무 것도 되지 못하고 된 줄로 생각하면 스스로 속임이라. 각각 자기의 일을 살피라…… 각각 자기의 짐을 질 것이라."[21]

우리는 얼마나 오랫동안 바울과 실라, 디모데가 갈라디아

---

19 갈라디아서 5:13-14.
20 갈라디아서 5:20-21.
21 갈라디아서 6:2-5.

에 머물렀는지 알 수 없다. 그리고 누가의 극적인 이야기에 도 불구하고[22] 우리는 왜 그들이 그다음 사역을 수행할 장소로 마게도냐를 선택하여 50년에 빌립보에 도달했는지도 알지 못한다. 이곳 역시 바울에게는 매우 낯선 세계였다. 빌립보는 마게도냐의 필리포스에 의해 기원전 356년에 세워졌으며, 그의 아들인 알렉산더 대왕의 전투들에 자금을 대었던 금광 산업의 중심지였다. 금광들은 고갈된 지 오래였으나 빌립보는 로마의 수도와 동부 지방들을 연결하는 육로인 에그나티아 가도(Via Egnatia)에 인접해 있어 로마의 전초지로서 중요한 역할을 했다. 기원전 42년 안토니우스와 옥타비우스가 빌립보 서쪽 근방 전투에서 브루투스와 카시우스 연합군을 물리치고 난 후 빌립보는 로마의 식민지가 되었다. 참전 병사들은 그곳에 정착해서 토지를 받았다. 아우구스투스가 제국의 유일한 통치자가 된 악티움 전투(31 BCE) 이후 더 많은 참전자들이 이곳에 들어왔다. 그래서 이곳은 여러 인종이 모여 로마화 된 도시였다. 하지만 발굴에 따르면, 바울이 당도한 당시의 빌립보는 단지 1제곱마일의 작은 도시였으며 고립된 지역이었고 단순한 행정 중심지였을 뿐이었다. 주변 농촌 지역에서 그 도시에 물자를 공급했으며 인

---

22 사도행전 16:6-10.

구 대부분은 그 주변 지역의 농경 마을들과 정착촌들에 살고 있었다. 로마 식민지들은 세금을 면제받았고 행정 사무소 또한 그곳들에만 있었다. 행정 사무소는 마을과 토지에서 잉여 생산물들을 뽑아내고, 지대를 거둬들이고, 채무를 진 농부들에게서 채무 상환을 강제할 책임이 있었다.[23]

빌립보에서 바울은 특히 강렬한 형태의 로마 제국의 신격화를 보게 되었다. 바울이 마게도냐에서 설교하던 시기, 통치 초반의 클라우디스는 신민들이 그를 기리는 사원을 짓는 것을 엄격하게 금지했다. 그러나 그는 이제 지방들에서 자신의 숭배를 부추기기 시작했고 아우구스투스처럼 "세상의 구원자" 칭호를 가져갔다. 학자들은 때로 황제 숭배를 "온전히 세속적인" 것, 로마 중앙과 지역 귀족들이 자신들의 목적을 위해 부당하게 사용한, 어떤 "종교적인" 내용도 없는 정치적인 전략으로 치부해왔다.[24] 하지만 바울의 시대에 종교와 정치적 삶은 서로 얽혀 있었고 어디서부터

---

23 Dewey et al., trans., *Authentic Letters*, 165; Erik M. Heen, "Phil 2:6-11 and Resistance to Local Timocratic Rule: Isa Theo and the Cult of the Emperor in the East," in Richard A. Horsley, ed., *Paul and the Roman Imperial Order*(Harrisburg, PA: Trinity Press International, 2004), 134-35; Horsley and Silberman, *The Message and the Kingdom*, 152-54.

24 Martin P. Nilsson, *Greek Piety*, trans. Herbert J. Rose(Oxford: Clarendon Press, 1948), 178; Glen W. Bowersock, *Augustus and the Greek World*(Oxford: Clarendon Press, 1965), 112.

어디까지가 각자의 영역인지 밝히는 것은 불가능했다. 예수의 추종자들만이 새로운 시대가 다가오고 있다는 "좋은 소식(good news)"을 선포한 것이 아니었다. 시인 베르길리우스는 다음과 같이 주장했다. "세기들의 거대한 새 순환이 시작된다! 정의가 땅 위에 돌아오고 황금 시기가 돌아온다."[25] 현재 터키의 해안가에 있는 프리에네에는 "가장 신성한 가이사[아우구스투스]"의 생일이 새로운 시대의 시작과 새 역법을 알리는 표지라는 비문이 새겨져 있다. 이날은 "모든 것이 허물어지고 혼돈에 빠졌을 때 최소한 실질적인 방식으로 질서를 회복하고, 이를 통해 온 세상에 모든 것

---

25 Virgil, *The Eclogues: The Georgics*, trans. C. Day Lewis(Oxford: Oxford University Press, 1999), Eclogue IV, 4-7. [베르길리우스의 전원시 *The Eclogues* 1권에서 9권은 BC 42년에서 BC 41년의 필리피 전투와 페르시아 전투 이후 참전 병사들에게 토지를 분배해 준 역사적 사건을 배경으로 하고 있다. 그는 전원시 4권에서 세상의 구원자와 황금시대를 예언했다. 베르길리우스는 이 전원시를 아우구스투스 앞에서 낭송한 것을 계기로 로마 건국에 대한 서사시 아이네이스를 집필했다. 이 4권을 예수 탄생의 예언으로 해석하는 기독교적 입장에서는 베르길리우스를 '기독교인의 영혼'으로 보기까지 한다. 예수 운동을 박해했지만, 기독교를 국교로 한 로마에서는 기독교를 지배 이데올로기로 공고히 하기 위해서 자신들의 건국 신화를 적은 베르길리우스와 기독교를 '융합'하기 위해 이런 해석을 하지 않았나 하는 추측도 가능할 것이다. 마리온 기벨은 베르길리우스의 문학 세계를 '노병정착제도' 등이 시행되던 당시의 역사적 배경과 맞물려 분석하는 글에서 전원시 4권을 이렇게 언급했다. "기독교적 관점에서는 이 희망을 예수 그리스도의 탄생을 예고하는 복음의 소리로 받아들이기도 한다. 하지만 이 희망을 어떤 특정한 유토피아와 결부시켜 해석하는 것은 오늘날의 일반적인 견해로 보아 타당치 않다. 단지 현실에서 실현될 수 있을 정도의 희망을 표명하고 있다고 보아야 하지 않을까." (마리온 기벨, 박종대 옮김, 『로마 문학 기행』, 백의, 2000: 78.)_옮긴이]

의 시작을 마땅히 알리는" 날이었다. 실제로, 가이사는 "좋은 소식[유앙겔리아]을 예언했던 자들의 희망을 뛰어 넘"었다.[26] 제국 전체에 걸쳐서 사원, 주화, 그리고 비문들이 그 뒤를 잇는 모든 가이사를 "신(god)의 아들", "신(god)의 걸작", "주", 그리고 "세상의 구원자"라고 환영했다.[27]

오늘날과 달리, 고대 세계에서 이러한 주장들은 믿을 만했다. 당시에는 인간을 신으로부터 분리하는, 거대한 존재론적 격차가 없었기 때문이다. 인간들은 보통 신이 되었고 신도 인간이 되었다. 연구들을 보면 황제의 제니우스genius("신성한 정령". 로마인들이 'genius'라고 부른 정령은 그리스어로 'daemon'으로 소크라테스가 이야기한 내면의 데몬이다_옮긴이)에 바치는 희생은 의미 없는 의례가 아니라 복속된 민족들이 현재 세상을 지배하고 있는 권력을 개념화하는 수단이었다. 피식민지인들에게 친숙한 왕권의 이미지와 개념들을 이용하여 그들이 로마의 침입을 이해하도록 하는 데

---

26 Corpus Inscriptionum Graecorum 39576, translated in John D. Crossan and Jonathan L. Reed, *In Search of Paul: How Jesus's Apostle Opposed Rome's Empire with God's Kingdom*(San Francisco: HarperSanFrancisco, 2004), 239-40.

27 Crossan and Reed, *In Search of Paul*, 235-36. (필자는 예수 운동에서 하나님에 관한 단어는 대문자로 시작하는 'God'로 표기하고 로마 제국의 신에 관한 단어는 소문자로 시작하는 'god'로 표기하여 구분하고 있다. 이후 로마 제국의 신에 관한 단어는 'god'를 같이 표기하여 필자의 의도를 살리고자 한다_옮긴이)

도움을 주었던 것이다.[28] 잇따른 전쟁으로 황폐해진 세상에 아우구스투스는 평화와 안정을 가져왔으며, 올림포스의 신들이 우주를 관리하는 것과 다르지 않은 신성한 임무를 수행하는 것으로 보였다. 더 중요한 것은, 그런 숭배는 로마 원로원이 지방들에 강제한 것이 아니라 지역 귀족들 스스로 열렬하게 받아들였다는 것이었다. 그들은 실제로 서로 경쟁적으로 통치자에게 사원과 신전들을 지어 바쳤고 그의 업적을 찬양하는 비문들을 세웠다. 황제 숭배를 이용하여 인정과 지위를 얻으려 했던 부유한 자유민들도 마찬가지였다. 헬레네 사회에서 엘리트들은 '필로티미아philotimia', 즉 대중적 명예에 대한 애착에 사로잡혀 있었다. 그들은 자신들의 도시에 건물과 신전, 비문들을 세우고 눈에 띄게 전시함으로써 대중들의 찬사를 얻고자 애썼다. 황제 숭배를 유도하는 것은 로마의 신임을 얻는 최상의 방법이었다. 따라서 귀족들의 숭배는 아주 헌신적이었으며 서로를 이기는 데 급급했다. 제국의 제례는 지방 사회에 두루 스며들어서 어느 정도 현대 서구 국가들의 크리스마스 풍경과 같은 방식으로 공공 영역에 침투해 있었다. 귀족들은 이런 희생을 위해

---

28 S. R. F. Price, *Rituals and Power: The Roman Imperial Cult in Asia Minor*(Cambridge and New York: Cambridge University Press, 1984); Paul Zanker, *The Power of Images in the Age of Augustus*(Ann Arbor: University of Michigan Press, 1988).

돈을 냈을 뿐만 아니라 다른 어떤 것보다도 높은 지위를 상징하는 사제로서 황제 숭배의 임무를 담당했다. 황제 숭배는 널리 퍼져 나가서 아우구스투스 통치 말에 이르러서는 황제가 아닌 다른 누구에게 "신과 같은 명예"(isotheoi timai)를 돌리는 것은 정치적으로 바람직하지 않은 일이 되었다.[29]

황제에 대한 숭배는 시리아나 길리기아보다 야벳의 땅에서 훨씬 더 두드러졌다. 바울은 이를 종교적인 모욕으로 받아들였을 뿐만 아니라 그 안에 담긴 정치적이고 사회적인 의미에 고통을 느꼈던 것으로 보인다. 마게도냐와 아가야는 본래 군대에 점령당했었으나, 유다나 갈라디아와는 달리 이 지방들은 너무도 완벽하게 진압된 상태였다. 로마는 이곳에 군대를 주둔시킬 필요가 없었으며, 수도 로마는 이곳 현지 지배 계급의 충성심을 신뢰할 수 있었다. 대신, 후견주의(patronage) 관계들의 단단한 네트워크에 의한 지지를 받은 황제 숭배가 로마에 충성하는 하나의 총체로 광대한 제국을 연결하는 접착제의 역할을 했다.[30]

---

29 Price, *Rituals and Power*, 49.

30 Horsley, introduction to "The Gospel of Imperial Salvation," in Horsley, ed., *Paul and Empire*, 11-13. ['patronage'는 이 책에서는 후견주의로 번역한다. 이 주석에서 언급된 참고문헌의 국내 번역서인 『바울과 로마제국』(리차드 홀스리 편집, 홍성철 옮김(2007), 기독교 선교원)에서는 이 주석의 페이지에서 'patronage'를 '보호와 수혜관계'로 풀어서 번역했다. 이 번역서는 이 언급이 아닌 다른 곳에서는 'patronage'를 '후원관계', '후견인과 수혜관계' 등으로도 번역하

아우구스투스는 제국의 유일한 통치자가 되고 나서 전통적인 로마 가치들, 특히 가족과 나라에 대한 의무인 '피에타스pietas'(라틴어 '피에타스'는 그 자체가 효심, 가족애, 애국심, 충성심, 사랑, 경애심 등의 다양한 뜻을 지닌다_옮긴이)를 되살렸다. 그는 자신을 로마 시민의 아버지이자 후원자라고 자처하면서 거대한 공공 자선을 통해 그의 부성애적 헌신을 드러내 보였다. 그 대가로 그는 신민들의 충성(피스티스)을 요구했다. 지역의 엘리트들 또한 신이 황제의 통치를 축복했으며 황제는 평화와 안정을 가져온 자비로운 자라고 표현했다. 그래서 정복된 민족들이 그들의 종속을 기쁘게 받아들일 것이라고 기대했다. 하지만 바울은 곧 로마 체제의 구조적인 불의를 깨달았다. 바로 귀족 지배 계급과 민중들 사이에 건널 수 없는 사회적 간격을 만들어낸 것이다. 부자들과 가난한 자들은 다른 옷을 입고, 다른 음식을 먹고, 실질적으로 서로 다른 언어로 말했다. 대중들은 하루 동안 수많은 그리고 정형화된 제례들을 치르면서 상위 계층과는 다른 방식을 보여야 했다. 그리고 곳곳에 널린 십자가의 광경은 이러한 방식에서 이탈하면 무슨 일이 일어날지를

고 있다. 의미를 잘 전달하기 위해서 여러 가지로 번역하려는 시도라고 볼 수도 있겠으나, 로마 제국 통치의 핵심원리인 이 용어는 하나로 통일해서 번역하는 것이 맞을 것이다_옮긴이]

보여주었고, 이 자비롭다는 체제가 기대고 있는 잔혹함을 있는 그대로 드러냈다.

로마의 식민지로서 빌립보는 로마와 이탈리아의 관습을 따랐기 때문에, 그곳의 황제 숭배는 특히 더 강렬했을 것이었다. 후에 바울은 빌립보 회중에게 보낸 서신에서 예수의 케노시스와 그 이후 하나님에 의한 현양을 묘사하는 그리스도 찬가(시편 110편의 내용_옮긴이)를 인용했다. 이렇게 황제가 아닌 다른 누군가에게 "신과 같은 명예"를 부여하는 것이 위법이었던 환경에서, 이 찬가를 부르는 것은 위험한 결과를 낳을 수도 있었다.[31] 이 찬가는 "신과 같음"(isa theo)을 추구했던 황제와는 달리 예수는 스스로 이 명예를 "소유"하려고 애쓰지 않았다는 것을 드러낸다. 그가 신성한 영역으로 올라간 것은 전적으로 하나님의 결정이며, 예수가 로마의 십자가에 매달려 죽는 것을 겸허하게 받아들인 일에 대한 보상이었다. 물론 빌립보에서 바울의 개종자들은 사회의 더 가난한 계급 출신으로 로마 시민과 같은 권력을 갖고 있지 못했다. 그러나 바울은 그들에게 제국의 체제에서 사실상의 독립을 선언하라고 말했다. 빌립보는 로마의 속국이었으나 그들의 에클레시아는 "천국의 속국"이었다.

---

31 Heen, "Phil 2:6-11," in Horsley, ed., *Paul and the Roman Imperial Order*. (빌립보서 2:6-11_옮긴이)

속국은 모국의 정신을 공유한다. 따라서 그들은 그들의 진
정한 코먼웰스commonwealth('폴리테우마politeuma')인 천국의
시민이었으며, 그들의 진정한 "구원자"는 글라우디오가 아
니라 메시아 예수였다.[32] 빌립보의 개종자들은 상호 지원적

32 빌립보서 3:20; 번역은 Knox, Chapters, 114-15가 권하는 것에 따랐다. [개역개정
에서는 "20 그러나 우리의 시민권은 하늘에 있는지라 거기로부터 구원하는 자 곧
주 예수 그리스도를 기다리노니"로 번역되어 있다. 중국어 성경은 "우리는 하늘의
국민입니다(我們却是天上的國民)"와 같다. 다수의 영어 성서들의 번역과 일본신
개역판 성서는 "우리의 국적은 하늘에 있습니다(Our citizenship is in heaven, 私
たちの 國籍は 天にあります)"이다. 일본신공동역서는 "우리의 본국은 하늘에 있습
니다(わたしたちの 本國は 天にあります)"이다. 스코틀랜드의 종교 개혁가인 존 녹
스가 평생 주장한 것도 기독교인들의 코먼웰스(Christian commonwealth)였다.
역사 속에서 발전해온 개념인 코먼웰스를 바로 본국, 공화국, 시민정부, 주권자, 연
방국가로 1:1로 대응해서 번역하는 것은 무리가 있다. 바울과 코먼웰스 설립을 논
한 책 중, 고전 중의 고전은 근대정치철학의 선구자인 홉스가 1651년에 낸 『리바이
어던』(토머스 홉스, 최공웅, 최진원 옮김, 동서문화사, 2009)이다. 최공웅, 최진원 역
의 『리바이어던』에서는 코먼웰스를 시민, 국적, 본국, 시민권 등으로 문맥에 맞추
어 무리하게 번역하지 않고 코먼웰스 그대로 표기하였다. 옮긴이도 코먼웰스를 무
리하게 1:1로 번역하기보다는 원어 그대로 사용하는 것이 낫다고 생각한다. 홉스
와 비슷한 시기에 코먼웰스를 논했던 또 다른 고전은 존 로크의 통치론이다. 이 책
의 번역자인 강정인은 코먼웰스를 '국가'로 번역한 이유를 언급했는데, 코먼웰스
의 의미를 이해하는 데 도움이 될 것이기에 여기 그대로 옮긴다. "이 책에서 역자는
'commonwealth'를 우리말에 적절한 단어가 없어서 '국가'로 옮겼다. 그러나 근
대 국가(state)의 개념이 주로 주권, 비인격적인 조직, 강제력의 행사 등의 관점에
치중하여 이해되는 반면, 'commonwealth'는 그 어원(영어의 common weal ;
라틴어의 res publica[=public good])에서 알 수 있듯이, 공동선 또는 공통의
복지를 추구한다는 관념이 강하게 배어 있다는 점에 독자는 유의할 필요가 있다.
따라서 어원에 충실할 경우 '공화국共和國'이라고 번역하는 것이 타당한데, 우리말
에서는 공화국을 주로 '군주국'에 대응하는 개념으로 이해하기 때문에 공화국으
로 옮기는 것 역시 여의치 않다. 왜냐하면, 로크는 'commonwealth'라는 개념을
주로 군주국을 염두에 두고 사용하기 때문이다. 이 단어에 대한 로크 자신의 설명
으로는 133절을 참조하라."(존 로크, 강정인 옮김, 『통치론』, 까치, 1996)_옮긴이]

인 공동체를 만들어냄으로써 이를 실현할 수 있었다. 엘리트들의 줄기찬 자기 홍보에 말려드는 대신에, 그들은 예수의 케노시스를 모방해야 했다. "아무 일에든지 다툼이나 허영으로 하지 말고 오직 겸손한 마음으로 각각 자기보다 남을 낫게 여기고 각각 자기 일을 돌볼뿐더러 또한 각각 다른 사람들의 일을 돌보"는 것이다.[33] 이것은 그들이 이 "어그러지고 거스르는 세대 가운데"에서 "그들 가운데 빛들로 나타내며" 권력자들이 그들을 괴롭히더라도 굳건하게 버틸 힘을 주었다.[34]

이러한 사회적 결속은 신흥 단체들의 징후에 의해 강화됐다. 바울은 "협력자들"의 네트워크를 만들어서 광범위한 자신의 공동체들을 한데 묶으려고 했다. 빌립보에서 이런 협력자들에는 글레멘드와 에바브로디도, 그리고 순두게와 유오디아라는 두 여성이 있었다. "그리스도 안에서"는 계급과 인종적 평등뿐만 아니라 성별 간의 평등도 의무였기 때문에 바울의 회중에서는 여성 지도자들과 남성 지도자들의 수가 엇비슷했던 것으로 보인다. 바울은 빌립보의 에클레시아에게 서신을 보낼 때 그리스-로마 관습을 어기면서 의도적으로 이 여성들에게 주의를 돌렸으며, 그들이 "복음

---

33 빌립보서 2:3-4.
34 빌립보서 2:15.

을 전하느라고 나와 함께 애쓴 사람들"임을 알리고 있다.[35] 빌립보인들은 바울의 가장 충실한 제자들이 됐다. 바울이 빌립보를 떠나기 전, 그들은 바울의 사역을 지원하기 위해 변변찮은 자신들의 재원을 모아 재정적인 후원을 했다.[36]

바울은 빌립보에서 추방당했으며 그의 전복적인 가르침이 그 원인일 수 있다. 그는 자신과 동료들이 빌립보에서 겪었던 "상처와 분노"에 대해 쓰고 있다. 하지만 그는 지체하지 않고 계속 밀고 나갔으며, 로마가 지배하는 세계로 훨씬 더 깊숙이 파고들었다. 그리고 마침내 데살로니가에 도달했다. 기원전 146년 이래 이 도시는 마게도냐 지방의 수도였으며 황제 숭배가 강했다.

데살로니가 귀족들은 비문, 공공 웅변, 축제들에서 자신들의 신들과 함께 그들의 강력한 로마 후원자(patron)들을 기렸다.[37] 기원전 1세기 중에 여신 로마와 그 제사장이 현지 판테온에 더해졌고, 아우구스투스를 위한 사원이 지어졌다. 동시에 도시의 주화에서 율리우스 가이사가 제우스

---

35 빌립보서 4:3.

36 빌립보서 4:15.

37 Holland L. Hendrix, "Thessalonicans Honor Romans"(ThD thesis, Harvard Divinity School, 1984), 253, 336; Karl P. Donfried, "The Imperial Cults of Thessalonica and Political Conflict in 1 Thessalonians," in Horsley, ed., *Paul and Empire*, 217-19.

를 대체했다. 아우구스투스는 데살로니가에서 명시적으로 "하나님의 아들(son of God)"이라는 칭호를 받지는 않았으나, 율리우스 가이사의 양아들로서 성스러운 율리우스의 아들, 디비 필리우스divi filius('divi'는 'divine', 즉 신성함, 'filius'는 아들의 의미이다)로 인정받았다.[38]

바울은 데살로니가 사람들에게 새로운 "주"('키리오스 kyrios'), "하나님의 아들"(theou huios), "구세주"('소테르soter') 를 소개했다. 이 도시에서는 다른 구세주 신들이 인기 있었는데 특히 자신의 두 형제에게 살해당한 대장장이로, 언젠가 다시 돌아와서 가난하고 힘든 자들을 도와줄 것이라는 카비루스가 추앙받고 있었다. 하지만 귀족들은 카비루스를 자신들의 제례에 흡수했으며, 그래서 바울은 예수를 보다 진정한 구세주로 제시할 수 있었다.[39] 그는 데살로니가인들이 복음을 반겼던 열정을 오랫동안 기억했다. 그것이 예수 운동에서 유명해졌기 때문이었다. 그는 후에 그들에게 보내는 서신에서 이렇게 말했다. "그들이 우리에 대하여 스스로 말하기를 우리가 어떻게 너희 가운데에 들어갔는지와 너희가 어떻게 우상을 버리고 하나님께로 돌아와

---

38 Hendrix, "Thessalonicans Honor Romans," 170.
39 Dewey et al., trans., *Authentic Letters*, 27; Horsley and Silberman, *The Message and the Kingdom*, 155-56.

서 살아 계시고 참되신 하나님을 섬기는지와…… 그의 아들이 하늘로부터 강림하실 것을 너희가 어떻게 기다리는지를 말하니……"[40] 여기에서도 역시 바울은 에클레시아를 설립했고, 이는 계층화된 도시 경제의 하부 층위에 있는 장인들과 노동자들로 구성되어 있었기 때문에 엘리트 민회에 대한 직접적인 도전이었다.[41] 바울은 그들에게 지배 계급이 아닌 "너희 가운데서 수고하고 주 안에서 너희를 다스리며 권하는" 지도자들을 존경하라고 말했다.[42] 사회적 불평등이 아닌 연대와 상호 지원이 메시아의 에클레시아가 가진 특징이어야 한다.[43] 바울은 그 스스로 자신의 작업장에서 다른 장인들과 함께 일했으며 그곳에서 복음을 전했고, 후에 "아무에게도 폐를 끼치지 아니하려고 밤낮으로" 노동을 했던 이 시기의 "수고와 애쓴 것"을 기억하곤 했다. 그리고 이는 바울이 데살로니가의 회당에서 열렸던 중요한 공공 토론에 참여했다고 누가가 쓴 것과는 매우 다른 생활이었다.[44]

여기에서도 역시 바울은 공공연한 적대감과 마주했으며

---

40 데살로니가전서, 1:9-10.

41 Cf. 고린도후서 8:2-4.

42 데살로니가전서 5:12.

43 데살로니가전서 5:14-15.

44 데살로니가전서 2:9; 사도행전 17.

그 자신과 실라, 디모데가 어떻게 "많은 싸움 중에" 굳건하게 복음을 전했는지 회고하곤 했다. 그는 데살로니가인들에게 그들 역시 복음을 지키기 위해 고통받게 될 것이라고 경고했다.[45] 역사가 수에토니우스의 설명에 따르면 그 당시 글라우디오는 "크레스투스Chrestus"라는 이름으로 세상을 소란스럽게 한다며 아마도 예수 운동의 일원이었을 유대인들을 로마에서 추방했다. 하지만 바울은 그런 공공연한 행동을 찬성하지 않았다. 데살로니가인들은 예수가 돌아오는 것을 평화롭게 기다려야 했다. 이런 과도기적 기간에 그는 그들에게 "조용히 자기 일을 하고 너희 손으로 일하기를 힘쓰라. 이는 외인에 대하여 단정히 행하고 또한 아무 궁핍함이 없게 하려 함이라"라고 말했다.[46] 그랬다. 그들은 실로 어둠의 힘과 싸우는 빛의 자녀들이었고, 그들이 가진 것은 영적인 무기뿐이었다. "믿음과 사랑의 호심경을 붙이고 구원의 소망의 투구를 쓰자."[47]

얼마 지나지 않아 바울은 서둘러 데살로니가를 떠나야 했다. 누가는 평소처럼 지역 치안 판사에게 바울과 실라가 세상을 뒤집는 가르침을 펴고 다닌다고 불평한 현지의 유

---

45 데살로니가전서 2:2, 3:4.
46 데살로니가전서 4:11-12.
47 데살로니가전서 5:5, 8.

대 공동체에 그 탓을 돌린다. "이 사람들이 다 가이사의 명을 거역하여 말하되 다른 임금 곧 예수라 하는 이가 있다 하더이다."[48] 누가는 이곳에서의 바울의 가르침이 가진 전복적인 낌새를 알아챈 듯하다. 바울은 멈추지 않고 서쪽을 향해 여정을 떠났다. 우리는 그의 서신들을 통해, 그가 공동체가 잘 지내는지 확인하기 위해 디모데를 데살로니가로 돌려보내고 아테네에서 홀로 지냈던 것을 알 수 있다. 바울의 방문에 대한 누가의 서술은 유명하다. 그는 바울이 그리스 철학자처럼 아레오파고스 회의 앞에서 설교하면서, 하나님이 존재하는 당연한 이유의 증거들을 펼쳤다고 묘사한다. 하나님은 그리스 시인들로부터 "우리가 그를 힘입어 살며 기동하며 존재하느니라⋯⋯ 우리가 그의 소생이라"라고 찬미받았다.[49] 하지만 바울은 그리스 격언들을 알 시간이 거의 없었다. 아마도 이 구절은 누가 본인에게 기회가 있었다면 자신이 아테네에서 말했을 법한 내용을 묘사했다고 보는 편이 나을 것이다. 아테네의 황금기가 오래전에 끝나 있던 때이기는 하지만 말이다. 바울이 그곳에서 개종자를 만들었거나 공동체를 설립했다는 역사적인 기록은 없다.

바울은 제국의 새로운 도시들에 더 관심이 있었다. 50년

---

48 사도행전 17:6-7.
49 사도행전 17:28.

가을, 그는 아가야의 가장 번영한 도시인 고린도에 도착했다. 이 고대 폴리스는 기원전 146년 로마의 확장에 저항했다가 완전히 파괴됐다. 그리고 로마에 반대한 대가가 무엇인지 극명하게 보여주는 사례로 한 세기가 넘도록 폐허로 남아 있었다. 기원전 44년에 율리우스 가이사가 고린도를 재건하여 자유민이 된 노예들을 이주시켰다. 그리고 아우구스투스 치하에서 이 도시는 아가야 지방의 수도가 되었고 전직 집정관(로마 정무관의 최고 지위인 집정관이 1년의 임기를 마치면 전직 집정관이 되는데, 속주의 총독은 전직 집정관이나 전직 법무관만이 될 수 있다_옮긴이)이 총독으로 있었다. 바울이 도착했을 때 즈음의 고린도는 제국에서 네 번째로 중요한 도시에 올라 있었다. 이 도시는 그리스의 북부와 남부를 연결하는 지협에 자리 잡고 있어 무역 허브로 번성했으며, 이탈리아, 그리스, 시리아, 이집트, 그리고 유다에서 온 징집 자유민들이 혼합 공동체를 이루고 있었다. 고린도는 몰락한 귀족이지만 자수성가한 야심가들이 다스리고 있었고, 이들은 자신들의 비천한 출신을 잊고 그 도시의 부를 누리기를 원했다. 하지만 바울은 호화로운 그들의 지역과 자신과 제자들이 살았던 가난한 산업 지구와 번잡한 작업장들 사이의 명백한 불균형을 알아차렸을 것이다. 고린도에서 바울은 로마 후견주의 제도(patronage system)가 가진 구조적 폭력을 더욱더 인식하게 되었다. 그 제도 안에서는 현지의 지배 계급이 로마와의 모든 교류 통로를 쥐고서 부, 권력, 특권의 극히 적은 자원을 통제했다. 지위 상승을 위해서는 현지나 로마에 있는 강력한 후원자(patron)를 얻는 것이 유일한 방법이었다.

황제 숭배와 마찬가지로 후견주의는 로마 제국과 얽혀 있었다. 후원자들은 주변 사람들보다 더 자신의 사회적 지위를 올리기 위해 하수인(client)을 모았다. 후원자들은 이 의존자들을 돕겠다고 약속하지만, 그들의 진정한 권력은 다른 데 있었다. 후원자들은 지원을 거절하거나 연기시킴으로써 하수인들이 자신에게 의존하며 애타게 할 수 있었다. 대부분의 가난한 사람들이 이런 식으로 부유한 가문들에 묶여 있었기 때문에, 이 제도는 불평등을 조건으로 하는 사회 통제 기구가 되었다. 한 역사가가 설명하듯이 "후견주의 제도의 부적절함에 대한 논거로는, 수백 명의 무능력 탓에 수십만 명의 요구가 충족되지 못했고 또 가난과 굶주림과 빚을 줄이는 데 명백히 실패했으며 자신들의 기득권을 지키기 위해 이러한 상황들을 공고히 했던 것 등보다는, 그러한 번영의 조건들이 무엇이었는지 고려해야만 한다."[50]

---

50 Andrew Wallace-Hadrill, "Patronage in Roman Society: From Republic to Empire," in Andrew Wallace-Hadrill, ed., *Patronage in Ancient*

자기 차례가 오면 지방에 있는 지역 귀족들은 제국의 수도에 있는 권력자들의 후견주의에 의존했다. 이 로마 후원자들은 지방에 대한 그들의 신뢰(피스티스)를 그곳에 있는 자신들의 "친구들"을 도움으로써 표현했고, 그 대가로 이 "친구들"은 로마에 대한 그들의 피스티스에 대한 보상을 받았다. 지방의 로마 총독들 역시 수도에 있는 "친구들"의 후견주의에 의존했고 현지 귀족들 가운데서 충실한 하수인 "친구들"을 양성하면서 현지에 권력 기반을 쌓아 그곳을 지배했다. 이들 모두는 이러한 숭배 과정에 열정적으로 참가해서 경쟁적으로 자신들의 충성을 보여 주었다. 이 친구 관계에서 동등한 척하는 허위는 없었다. 하수인 자격을 받아들이는 것 자체가 열등함을 암묵적으로 인정하는 것이었기 때문이다. 보다 낮은 귀족들과 자유민들은 하위 계급 출신의 충실한 하수인들로 구성된 자신들만의 네트워크를 형성하면서 서로 경쟁했다. 로마 원로이자 역사가인 타키투스가 설명하기를, 도시의 "의로운" 자들은 대가문들에 대한 귀속과 피스티스로 규정되었지만 "부정한 자들"은 후견주의에서 아무런 역할이 없었다. 이들은 부자들에게 제공할 것이 없거나 이 모욕적인 종속을 고의적으로 피했기 때

Society (London and New York: Routledge, 1989), 73.

문이었다.[51]

바울은 현지 후원자들의 재정적인 후원을 끈질기게 거절함으로써 고린도의 "부정한" 사람들 중 하나를 자처했다. 대신에, 그는 자신처럼 천막 짓는 자들이었던 유대 부부 아굴라와 브리스가의 집에 머물며 계속해서 장인으로서 일했다. 이 부부는 글라우디오가 로마에서 유대인들을 추방했을 때 그중에 있었으며, 바울의 충실한 친구이자 동료가 되었다.[52] 고린도에서 바울은 그들의 작업장에서 자신의 사역을 수행했고 일하면서 설교했다. 그리고 다시 한 번 복음에 성령이 임했고 그의 개종자들은 자신들이 예언을 말하고, 방언을 하고, 아픈 자들을 치유하는 것을 보았다.[53] 바울의 작업대 주변에 장인들과 소매상들이 모였고, 이들의 집에서 작은 회중들이 생겨났다. 이번에도 복음을 받아들였던 것은 가난한 사람들이었다. 바울이 고린도인들에게 말하기를, "하나님께서 세상의 천한 것들과 멸시받는 것들

51 Tacitus, *The Histories*, 1.4, ed. D. S. Levene; trans., W. H. Fyfe(Oxford: Oxford University Press, 2008), 4; John K. Chow, *Patronage and Power: A Study of Social Networks in Corinth*(Sheffield, UK: JSOT Press, 1992); Horsley, introduction to "Patronage, Priesthoods, and Power," in Horsley, ed., *Paul and Empire*; Peter Garnsey and Richard Saller, "Patronal Power Relations," in Horsley, ed., *Paul and Empire*; Richard Gordon, "The Veil of Power," in Horsley, ed., *Paul and Empire*.

52 사도행전 18:2-3.

53 고린도전서 2:4.

과 없는 것들을 택하사 있는 것들을 폐하려 하시"는 것이 었다.[54] 메시아를 처형함으로써 속세의 통치자들은 스스로 멸망할 저주를 내린 셈이었다. 이제 메시아는 하나님의 오른편 왕좌에 앉아서 "모든 통치와 모든 권세와 능력을" 내칠 준비를 하고 있었다.[55] 고린도에서 바울 전언의 중심에는 십자가가 있었다. 하나님은 불명예스러운 죄인을 죽은 자들 가운데 세우면서 이 세상에서 멸시받는 자들에게 하나님의 피스티스를 보였다. 황제 숭배가 권력과 부를 신격화할 때, 십자가는 완전히 새로운 종류의 신성한 가치들을 드러냈다.

바울은 고린도 회중에게 그리스도의 몸이라는 그의 비유를 나누었다. 이는 몸이 국가와 우주 모두의 소우주라는 제국의 공식적인 신학을 전복시키는 견해였다.[56] 가이사는 정치체의 수장이었다. 그는 현실의 국가를 인격화한 것이었으며 천상계의 신들을 대표했다. 하지만 메시아의 몸 안에는 그러한 위계질서가 없었다. 대신에, 바울은 모든 일원이 예외 없이 서로에게 의지하는, 상호 연관된 질서를 묘사했다. 수장은 내려갔고 열등한 몸의 지체들은 올라갔다. 바울

---

54 고린도전서 1:26-28.
55 고린도전서 15:24.
56 Georgi, *Theocracy*, 60-61.

은 이 중요한 정치적 통찰을 웅변가들이 사용했던 상스러운 유머로 표현함으로써 청자들을 자극했고, 그들이 새로운 관점으로 볼 수 있게 했다.

더 약하게 보이는 몸의 지체가 도리어 요긴하고 우리가 몸의 덜 귀히 여기는 그것들을 더욱 귀한 것들로 입혀 주며 우리의 아름답지 못한 지체는 더욱 아름다운 것을 얻느니라. 그런즉 우리의 아름다운 지체는 그럴 필요가 없느니라. 오직 하나님이 몸을 고르게 하여 부족한 지체에게 귀중함을 더하사 몸 가운데서 분쟁이 없고 오직 여러 지체가 서로 같이 돌보게 하셨느니라. 만일 한 지체가 고통을 받으면 모든 지체가 함께 고통을 받고 한 지체가 영광을 얻으면 모든 지체가 함께 즐거워하느니라.[57]

바울은 고린도에서 18개월을 머물렀으나, 52년 봄, 그의 체류가 끝나갈 때쯤 데살로니가에서 어지러운 소식이 날아들었다. 분명 그곳의 공동체는 일종의 박해를 겪고 있었다. 하지만 바울은 그들의 신실함과 인내가 시험을 받고 있다는 디모데의 상기된 보고를 듣고 매우 기뻐했다. 그러나

---

57 고린도전서 12:22-26. (예루살렘 바이블)

이제 데살로니가 지도자들은 당혹스러워하며 바울에게 편지를 썼다. 바울은 그들 모두가 주님의 영광스러운 재림을 보게 될 것이라고 약속했는데, 아마도 최근에 있었던 박해 때문에 공동체의 몇 사람이 죽은 것이다. 그들 역시 메시아의 승리에 참여하게 될 것인가? 바울은 현존하는 그의 첫 서신들에서 단호하게 그렇다고 답하고 있다.

이교도 세계에서 사는 동안 바울의 상상 속에 로마의 상징주의가 침투했다. 이는 이미 바울과 그의 개종자들, 동료들의 생각과 느낌에 만연하게 퍼져 있던 것이었다. 제국의 선전은 로마가 세상에 가져온 "평화"('에이레네eirene')와 "안전"('아스팔레이아asphaleia')을 계속해서 과시했으나, 바울은 데살로니가인들에게 이것은 현혹이며 메시아의 도래가 이를 분쇄할 것이라고 주장했다. "그들이 평안하다, 안전하다 할 그 때에 임신한 여자에게 해산의 고통이 이름과 같이 멸망이 갑자기 그들에게 이르리니 결코 피하지 못하리라."[58] 그가 전통적인 유대 묵시록의 이미지에서 벗어난 그리스도의 극적인 도래를 묘사했을 때, 그는 예수의 재림을 황제나 왕이 지방에 공식 방문하는 것으로 설명했다. 그리고 예수 운동에서 상당히 새로운 용어를 사용했다.

---

58 데살로니가전서 5:3.

주께서 호령과 천사장의 소리와 하나님의 나팔 소리로 친히 하늘로부터 강림하시리니 그리스도 안에서 죽은 자들이 먼저 일어나고 그 후에 우리 살아 남은 자들도 그들과 함께 구름 속으로 끌어 올려 공중에서 주를 영접하게 하시리니[59]

'파루시아Parousia'("도래". 구약에서는 구세주의 도래이고 신약에서는 예수의 재림이다_옮긴이)라는 단어는 시찰하는 황제가 의식을 갖추고 "왕림하는 것"을 가리키는 말로, 서신 전체에서 되풀이되고 있다.[60] 황제가 실제로 도시에 들어오고 있다는 소식을 들은 관리들은 트럼펫을 울리고 현지 고관들이 황제에게 의식을 갖춘 '아판테시스apantesis'("영접")를 하기 위해 몰려갔다.[61] 물론 바울이 묘사한 대목에서는 진정한 키리오스인 예수가 글라우디오를 대신했고, 예수를 맞으러 몰려가는 사람들은 더는 그 도시의 약자이거나 억압받는 자가 아니라 가장 특혜받은 시민인 바울의 개종자들이었다. 그들은 공중으로 들려서 그들의 주님을 맞이하고 주님과 함께 땅으로 내려올 것이다. 하나님은 자신을 대리하는 인간 예수의 형상으로, 말하자면 신성한 영역을 떠

---

59 데살로니가전서 4:16-17, 16.
60 데살로니가전서 2:19, 3:13, 4:15.
61 데살로니가전서 4:17.

나 민중들과 함께할 것이었다.[62]

52년 여름에 바울은 마침내 고린도를 떠나 배를 타고 에베소로 갔다. 누가가 언급했듯이 바울이 고린도에 체류하는 동안 루키우스 유니우스 갈리오가 고린도의 총독이 되었다면, 그 도시에서 로마의 존재는 더욱 확고해졌을 것이며, 바울은 문제 인물이 되었을 것이다.[63] 아굴라와 브리스가가 바울과 동행했고, 그들은 도시 에베소에 정착했다. 바울은 에베소에서 2년 반 동안 머물렀다. 그곳에서 주변 지역들에 복음을 전하고 있던 안디옥 출신의 오랜 지인인 디도가 합류했다. 에베소에는 또한 달변의 카리스마 넘치는 알렉산드리아의 유대인인 아볼로가 잠시 머무르고 있었는데 그는 바울에게 큰 문제를 일으켰다.[64] 그의 삶에서 새롭고 비통한 장이 시작되려 하고 있었다.

---

62 Donfried, "Imperial Cults," in Horsley, ed., *Paul and Empire*; Helmut Koester, "Imperial Ideology and Paul's Eschatology in 1 Thessalonians," in Horsley, ed., *Paul and Empire*; Abraham Smith, " 'Unmasking the Powers': Toward a Postcolonial Analysis of 1 Thessalonians," in Horsley, ed., *Paul and the Roman Imperial Order*; Georgi, *Theocracy*, 25-27.

63 사도행전 18:12.

64 사도행전 18:24.

4.

반대파들

문제는 갈라디아의 고원 지대에서 날아온 걱정스러운 소식에서 시작되었다. 그곳에서 바울의 개종자들은 몇몇 유대인 예수 운동가를 만난 것으로 보이며, 이들은 바울이 거짓 스승이라고 주장했다. 그들은 바울의 개종자들이 아브라함의 자손이라고 말할 자격이 없다고 말했다. 그 특혜를 누리려면 할례를 받고 모세의 율법을 준수해야만 했다. 바울은 공포에 질렸다. 다시 한 번 안디옥에서 터져 나왔던 이 문제가 그의 사역 전체를 위협하고 있었다. 그는 메시아에게 자신을 바친 이교도들은 토라의 도움 없이도 성령을 받았기 때문에 토라를 준수할 필요가 없다는 견해를 항상 견지해왔다. 토라는 유대인들에게는 가치 있는 것이었으나 갈라디아인들에게는 그저 집중을 분산시키는 것일 뿐이었다. 갈라디아인들에게 유대적 삶의 방식을 전적으로 받아들이라고 강요하는 것은 어불성설이었다. 이는 마치 유대인들에게 고대 갈라디아 전통을 따르고, 아리안 전사들처럼 잔치를 벌이면서 술에 취해 합창을 부르고, 그들의 전사 영웅들을 경배하라고 요구하는 것과 같았다.[1] 그는 갈라디아 에클레시아에 서신을 퍼부었고, 가장 강력한 어조로 갈라디아인들에게 그 조언들을 거절하라고 촉구했다. 그들이 세례를 받은 후에 스스로 만든 그리스도의 공동체 안에서는 기존의 인종, 계급, 성별의 구분이 무의미하다고 선언하지 않았던가? 갈라디아인들은 어떤 대가를 치르더라도 그들이 그토록 기쁘게 경험했던 자유를 지켜야만 했다.

바울이 보기에 갈라디아인들을 옳지 않은 길로 인도하고 있는 그 사람들은 누구였나? 그들은 종종 예루살렘에서 바울과 교회의 기둥들의 회합을 방해했던 "침입자들"과 동일시되었거나, 아니면 안디옥에서 동요를 일으켰던 "야고보의 사절단들"과 같은 인물들로 여겨져 왔다. 하지만 그들을 유대에서 파견된 자들로 보기보다는, 바울의 관점에

---

1 Horsley and Silberman, *The Message and the Kingdom*, 169-70.

동의하지 않은 예수 운동의 유대 선교자들이 전도한 현지인들이라고 보는 편이 더 낫다. 야고보와 마찬가지로 그들은 토라에 신실한 것이 이스라엘의 복구에 필수적이라고 믿었으며, 이는 메시아의 재림을 앞당기는 데 필요했다. 갈라디아인들 중 일부는 로마적 정신으로 문화 변용이 이루어지는 것보다 이스라엘에 합류하는 것이 낫다고 생각했을 것이다. 따라서 자신들의 지위가 사실 모호하며 이것도 저것도 아니라는 말을 들었을 때 극도로 고통스러웠을 것이다. 로마법에 따르면 예루살렘 성전에서 통치자 황제에 대한 봉헌이 매일 이루어지기 때문에 유대인들은 황제 숭배에서 공식적으로 제외될 수 있었다. 갈라디아인들은 일단 이스라엘의 완전한 일원이 된다면 이러한 예외적 지위를 누릴 수 있게 되리라고 믿었다. 하지만 이제 그들은 더 이상 진정한 유대인이 아니었다. 그러므로 그들이 황제 숭배에 참여하기를 거부한다면 당국의 괴롭힘이 따를 것이며 심지어 당국의 박해를 받을 것이었다. 이미 제국이 이교 숭배를 비판한 그들을 적대시하고 있는 마당이었다.[2] 몇몇 갈라디아인들은 또다시 개종자가 되기로 하고 벌써 유대교로 개종하는 과정에 들어갔으나, 바울은 그것이 불필요한 일임

---

2 갈라디아서 4:8-10.

을 맹렬하게 주장했다.[3]

이 상황은 기독교 초기에 바울이 많은 이들 가운데 홀로
였음을 드러낸다. 그의 사상이 후에 기독교의 규범이 되었
기 때문에 우리는 바울이 할례와 유대 율법의 준수에 맞서
확고하게 저항한 것을 당연한 일로 보기 쉽다. 그의 수고가
아니었다면 기독교는 점점 축소되어서 유대교의 중요하지
않은 한 종파가 되었을 것이었다. 위험한 할례 수술을 기꺼
이 받으려고 했던 이교도들은 거의 없었을 것이기 때문이
다. 갈라디아에서 바울의 반대자들은 크리스천-유대 관계
에 심각한 해를 끼친 공격적인 "유대교화론자"들, 즉 기독
교인들이 만성적인 유대교 "율법주의"라고 부르는 것에 사
로잡혀 있던 무리들로 보인다. 사실, 이 사안에 대해 타협
하지 않는 바울의 입장은 일반적인 것이 아니었다. 바리새
파로서 바울은 일단 할례를 받은 후에는 미쉬나로 기록된
이스라엘의 구전 율법의 총체를 포함해 토라 전체를 지켜
야 한다고 믿었던 사람이었다.[4] 하지만 바울에게 동의했던

---

3   갈라디아서 1:6, 3:1-4, 5:1-12, 6:12-13; Mark D. Nanos, *The Irony of
    Galatians: Paul's Letter in First-Century Context*(Minneapolis, MN:
    Fortress Press, 2002), 193-99; Mark D. Nanos, "Inter- and Intra-Jewish
    Political Context of Paul's Letter to the Galatians," in Horsley, ed., *Paul and
    Politics*, 146-56.
4   갈라디아서 5:4.

유대인들은 많지 않았으며, 랍비들은 결국 "이교도들 가운데서도 다가올 세상에 그 몫을 가진 의로운 사람들이 있기" 때문에 할례가 구원에 필수적이지 않다고 결정했다.[5] 우리가 알고 있는 한 예수 운동의 다른 어떤 유대 선교사도 바울의 강경 노선을 따르지 않았다. 그의 서신을 제외한 신약 전부가 이교도들을 포함한 유대 공동체들을 위해 쓰였으며 바울의 생각에 영향을 받지 않은 것으로 보였다. 상당한 수의 이교도들이 유대교의 의례법을 부담이라고 생각하기는커녕 매력적이라고 보았고, 바울의 개종자들은 그 율법들을 기꺼이 따르려고 했을 뿐 아니라 그 율법들에 열정적으로 매달렸던 것 같다.[6]

갈라디아에서 바울의 반대파들은 예수의 영웅적인 죽음과 부활이 이스라엘 내의 영적 재건 운동에 영감을 주었다고 믿었다. 그들은 과거와의 연속성을 지지했던 것이다. 하지만 바울은 십자가와 함께 완전히 새로운 어떤 것이 이 세상에 내려왔다고 믿었다.[7] 로마법에 따라 사형을 받은 죄

---

5   B. Sanhedrin 13:2; Alan F. Segal, "Response: Some Aspects of Conversion and Identity Formation in the Christian Community of Paul's Time," in Horsley, ed., *Paul and Politics*, 187-88.

6   Krister Stendhal, *Paul among the Jews and Gentiles* (Philadelphia: Fortress Press, 1976), 69-71.

7   Dewey et al., trans., *Authentic Letters*, 42-47.

인인 예수를 들어 올림으로써 하나님은 토라가 부정하다고 간주했던 것을 포용하는 충격적인 조치를 했던 것이었다. 유대의 율법은 "나무에 달린 자는 하나님께 저주를 받았음"(신명기 21:23_옮긴이)을 선언하고 있다. 이 치욕스러운 죽음을 받아들임으로써 예수는 자기 자신을 율법적으로 불경하게 만들었고 자발적으로 혐오스러운 존재가 되었다. 하지만 하나님은 그를 천국의 가장 높은 장소로 들어 올림으로써 예수의 명예를 회복했고, 그를 모든 죄에서 사하였다. 그러면서 로마법은 무효이고 토라가 정하는 순결과 부정의 구분은 더는 유효하지 않음을 선언했다. 그 결과 이교도들, 즉 의례적으로 부정한 자들 역시 유대교에 종속되지 않고도 아브라함에게 약속된 축복을 계승할 수 있었다.

바울은 그의 반대파들과는 달리 불연속을 강조했으나, 그러면서 그는 그 시대의 가장 기본적인 가치들 일부를 위반했다. 고대 사회는 오늘날처럼 독창성을 높이 평가하지 않았다. 오늘날 과거에는 불가능했던 방식으로 변화를 제도화할 수 있었던 것은 우리가 가진 근대 경제 때문이다. 농경 경제는 특정한 한계를 간단히 넘어서서 발전할 수 없었으며, 우리가 오늘날 당연시하는 토대의 지속적인 복제를 감당할 수 없었다. 사람들은 문명을 쉽게 부서지는 것으로 여겼고 자신들의 믿음을 시간이 가도 변하지 않는 전통

안에 두기를 선호했다. 엄청나게 오랜 역사를 지닌 유대교는 로마의 존경을 받았고, 반면에 새로운 형태의 종교는 로마인들에게 '수페르스티티오superstitio'(라틴어로 미신_옮긴이), 즉 두려움의 대상이 되었다. 그 종교들이 고대 전통을 공경하지 않는다는 것이 이유였다. 그러므로 많은 갈라디아인은 바울의 견해를 흥미진진하다기보다 매우 불편하게 여겼을 것이다. 유대인 대부분이 그 입장을 과거와의 불경한 단절로 본다는 것을 알았기 때문이다.

바울은 이 모든 것을 완전히 이해하고 있었다. 그는 자신이 갈라디아인들에게 고정불변처럼 보이는 태도와 원칙들에 질문을 던지라고 요구하고 있음을 알고 있었다. 그래서 그는 디아트리베로 알려진 수사학 형식으로 편지를 썼다. 설득하는 말의 기술인 수사학은 그리스-로마 커리큘럼의 핵심 과목이었다. 소년들은, 청자들에게 영향을 주고 그들이 특정한 행동을 취하도록 설득하는 방식으로 글을 쓰고 말하도록 훈련받았다. 디아트리베는 청자들이 기본적 전제들을 의문시하도록 고안되었다. 우리가 바울의 서신들을 읽으며 중요하게 알아야 할 점은, 그 시대에는 편지를 조용히 읽지 않았다는 것이다. 대신에 편지를 읽을 때는 소리를 높여서 몸짓, 마임, 시각적인 장치들을 동원하여 논점이 전달되도록 했었다. 그러므로 서간은 본래 웅변 연기이자

극적인 공연이었다.[8] 바울이 갈라디아에 체류하면서 사람들에게 십자가의 가르침에 대해 설교했을 때, 그는 십자가형을 당한 그리스도의 그림을 보여주면서 이 사건의 극적인 면을 짚었을 수도 있다. 심지어는 마을 중 한 곳의 십자가 아래에 서서 당국에 의해 십자가형을 당한 사람의 고문당한 시체를 가리켜 보였을지도 모른다. 그렇게 바울은 그의 서신에서 그들을 호되게 꾸짖었다. "어리석도다, 갈라디아 사람들아. 예수 그리스도께서 십자가에 못 박히신 것이 너희 눈 앞에 밝히 보이거늘 누가 너희를 꾀더냐!"[9]

현대의 독자들에게는 바울의 서신에 나타난 공격적인 방식이 모욕적이고 개인적으로 불쾌할 수 있다. 하지만 1세기에는 문맹인 청자라도 이것이 관습임을 알아차렸을 것이다. 바울은 과장과 조롱, 심지어 모욕조차도 받아들여지는 문학 형태로 글을 쓴 것이었다. 바울이 이 디아트리베 형식으로 유대 율법을 공격했을 때 그는 유대교 자체가 잘못된 것이라고 주장하거나 자신의 경험을 이용했던 것이 아니었다. 바리새파인 바울은 우리가 이미 살펴봤듯이 토라를 지키는 것에는 문제가 없었으며 실로 그는 자신이 율법을 지키는 일에 있어서 누구보다도 월등하다고 확신했다. 바울

---

8   전게서, 159-60.
9   갈라디아서 3:1.

은 모든 사람을 대상으로 그 서신들을 쓰지 않았으며, 또한 모두에게 적용되는 일반적인 원칙을 만들고자 하는 의도도 결코 없었다. 그는 서신에서 늘 특정한 회중의 구체적인 문제를 언급했다. 그는 자신의 살아생전에 그리스도의 재림이 있으리라 기대했으므로 미래 세대의 기독교인들을 위한 법률을 제정하려고 한 것도 아니었다. 그는 서신을 통해 갈라디아인들의 특정한 상황을 아주 분명하게 짚으면서, 인류 전반이 아닌 단지 '그들'에게 옳은 일이라고 믿는 것을 말하고 있었다. 그는 이 서신에서 유대인들을 경시하고 있지도 않다. 바울은 단지 그의 유대 적수들과 논쟁하고 있을 뿐이었으며, 그가 생각하기에 이들이 갈라디아인들에게 가장 좋은 이익을 구하지 않았기 때문이다.

살펴봤듯이, 그는 자신의 이야기, 즉 다메섹에서 받은 계시를 통해 이야기를 시작했다. 그리고 베드로와 야고보와의 관계, 예루살렘 회의, 마지막으로 안디옥에서의 쓰라린 결별을 이야기했다. 그의 목적은 갈라디아인들에게, 그들에게 일어났던 일이 놀랍지 않다는 것을 설명하는 것이었다. 자신은 그와 비슷한 일을 한 번도 아닌 두 번이나 겪었기 때문이었다. 그가 교회의 기둥들과 대화를 할 때 "침입자들"이 방해했던 것이 첫 번째이며, "야고보의 사절단"이 안디옥에 도착했을 때가 두 번째였다. 또한 바울은 예루살렘

정상회의에서 있었던 일을 언급하며 그들이 할례나 토라의 의례법에 종속될 필요가 없다는 것을 지적하려고 애썼다. 바울이 이 회의에서 야고보와 베드로에게 디도의 굳건한 신앙을 보이며 이교도들이 메시아 예수에 대한 믿음으로 "정의롭게"(dikaioustha) 될 수 있다는 것, 즉 하나님 안에서 의로워질 수 있다는 것을 확신시켰기 때문에 야고보와 베드로가 이교도들에 대한 토라 없는 사역을 승인했었던 것이다.[10] 물론 후에 야고보뿐 아니라 베드로마저 이 합의를 어겼지만 말이다.

12세기 이전에 '피스티스 레소우 크리스토우pistis Iesou Christou'라는 구절은 보통 영어로 "예수의 신앙 또는 신실함"이라고 번역되었다. 이는 평범한 인간들의 믿음을 가리키는 말이 아니다. 단지 예수가 자신의 사형 선고를 받아들이며 보였던 하나님에 대한 "신뢰"("trust" that Jesus had in God), 하나님이 모든 것을 옳게 바꾸리라 믿었던 그의 "확신"만을 가리키는 말이었다. 그리고 하나님은 실로 이 믿음의 행위에 대한 보상을 내렸다. 인간을 기존 질서의 불평등과 불의에서 구하고, 사회적 지위나 인종에 상관없이 모든 사람이 하나님의 자녀가 될 수 있다는 확신을 주어 인류와

---

10 갈라디아서 2:16, 3:13.

의 새로운 관계를 연 것이다. 하지만 1901년 성경 미국 표준 역(American Standard Version of the Bible)이 출간된 이래로 이 구절은 보통 그리스도의 신성함과 속죄 행위에 대한 개별 기독교인의 믿음과 같은 의미인 "예수 그리스도를 믿는 신앙(faith in Jesus Christ)"으로 번역되고 있다.[11]

바울은 계속해서 토라가 모든 경우가 아닌 일시적인 해결만을 위해서 계시되었다고 주장했다. 그는 이 주장의 요지를 설명하기 위해 유대 민족을 거대한 땅의 상속인에 비유했다. 그 상속인이 어린 소년일 때는 그저 종과 다를 바가 없으며, 비로소 성인이 되어서야 자유를 얻고 아들로서의 특혜를 누리게 된다. 바울은 갈라디아인들에게 우리 유대인들도 이와 마찬가지라고 설명했다. 그런데 하나님은 자기 아들을 보내어 "율법 아래에 있는 자들을 속량하시고 우리로 아들의 명분을 얻게" 하였다.[12] 그는 자신과 같은 유대인들에게 율법은 '파이다고고스paidogogus'(그리스어로 아이들의 인도자를 뜻하는 노예. 그리스 로마에서는 파이다고고스

---

11 Dewey et al., trans., *Authentic Letters*, 65-66; Georgi, *Theocracy*, 36. (한국어 성서 번역은 1882년, 누가복음과 요한복음의 낱권 번역으로 시작되었다. 1911년에 우리말 구약 전서의 최초 번역본이 출판되었고 이로써 성서 본문 전체의 번역이 이루어졌다. 우리말 구약 전서의 최초 번역은 미국 표준역을 기본으로 하고, 중국어 성경을 참조했다. 따라서 미국 표준역은 한국어 성경 번역에 지대한 영향을 끼쳤다_옮긴이)
12 갈라디아서 4:1-5.

없이는 아이들이 집 밖으로 나갈 수 없었다_옮긴이), 즉 스스로 제대로 처신하며 아이들을 학교에 데려다 주는 종, 아이들의 진정한 교육이 시작될 때 그들을 선생에게 무사히 인도하는 종의 기능을 다했다고 설명했다.

바울은 계속해서 말했다. "이같이 율법이 우리를 그리스도께로 인도하는 초등교사가 되어 우리로 하여금 믿음으로 말미암아 의롭다 함을 얻게 하려 함이라. 믿음이 온 후로는 우리가 초등교사 아래에 있지 아니하도다."[13] 바울이 갈라디아인들에게 말하기를, "너희가 다 믿음으로 말미암아 그리스도 예수 안에서 하나님의 아들이" 된 것이었으며, 이는 예수가 십자가 위에서 보여줬던 믿음 때문이었다. 기존의 구분과 분류가 더 이상 적용되지 않기 때문에 유대인과 이교도는 이제 같은 배를 탄 것이었다.[14]

하지만 독일인 학자 디터 게오르기는 바울이 이 서신에서 토라에 대해서만 얘기하는 것이 아니라 율법 일반에 대해서 말하고 있다고 주장했다. 디아스포라에서는 그리스화된 유대인들 일부가 다양한 민족의 고대법들을 하나님의 의지가 서로 다르게 반영된 것으로 생각했다. 이는 그들의 보편 구제설적인 견해 때문이었으며, 몇몇 그리스 철학자들

---

13 갈라디아서 3:24.
14 갈라디아서 3:26-28.

도 이처럼 생각했다. 그래서 이 그리스화 된 유대인들은 이스라엘만이 유일하게 하나님의 법을 소유한 것은 아니라는 생각을 고수했다. 각 민족은 하나님의 정신에 존재하는 영원한 율법을 저마다의 모습으로 발전시켜왔다는 것이었다. 유대인들과 마찬가지로 그리스와 로마인 또한 그들의 법체계는 하늘이 준 것이라고 분명히 믿었다. 하지만 바울은 다메섹 이래로 율법에 대해 편향된 관점을 갖고 있었고 이를 꾸준히 발전시켰다. 황제들은 로마법이 "정의"('디카이오수네dikaiosune')를 가져왔다고 주장했으나 그 법은 예수를 죽음으로 몰아갔다. 바울이 디카이오수네라는 단어를 들었을 때, 즉각적으로 그는 이 말을 히브리어 성경의 그리스 번역본에 비추어 해석했다.[15] 선지자들에게 정의란 사회적 평등을 의미했다. 그들은 극빈자들과 과부, 외국인을 평등과 존경 어린 태도로 대하지 않는 통치자들을 비판했다. 바울이 그의 여정에서 본 것에 따르면 로마법은 이런 의미에서 정의를 시행하지 못했다. 그리고 오직 혜택받은 소수만을 위해 존재했으며 실질적으로 인구의 거대한 다수를 노예로 만들었다.

바울은 데살로니가인들에게 보내는 서신에서, 하나님을

---

15 Dieter Georgi, "God Turned Upside Down", in Horsley, ed., *Paul and Empire*, 159-60.

로마법을 무시하는 사람들과의 연대를 선포한 것으로 그렸다. 하나님이 예수를 오른편으로 불러들였을 때 하나님은 억압받는 자의 편에 스스로 섰던 것이다. 갈라디아인들에게는 예수를 자발적으로 로마법이 내린 유죄 판결을 받아들이고 인류의 가장 비참한 구성원들과 연대함을 보여준 인물로 제시했다. 그리스 이념에서 찬미받은 사회 통합, 민주주의, 평등주의, 그리고 자유는 어떤 형태의 법제로도 달성될 수 없었다. 법이 가지고 있는 숭고한 이념에도 불구하고 실제로 법은 항상 사람들을 노예로 만들고 경시하고 파괴했기 때문이었다. 세상의 법체계는 로마인을 야만인에게서, 유대인을 이교도들에게서 분리했다. 법체계는 혜택받은 남성을 여성들 위에 두었고, 노예들 위에서 우두머리 노릇을 하는 귀족들을 만들어냈다. 안디옥에서 법을 엄격하게 고수하는 것은 유대인들과 이교도들이 같은 식탁에서 식사할 수 없음을 의미했다. "유대인이나 헬라인이나 종이나 자유인이나 남자나 여자나 다 그리스도 예수 안에서 하나이니라"는 세례의 외침이 사회의 현실이 되려면, 권위의 개념과 무엇이 진정으로 신성한 것인지에 대한 근본적인 재평가가 이루어져야만 했다.[16]

---

16 Georgi, *Theocracy*, 33-52.

바울이 갈라디아에 서신을 보내자마자 고린도에 심각한 문제가 발생했다는 소식이 날아들었다. 아마도 고린도에 있는 글로에의 가정 회중의 일원들이었을 "글로에의 사람들"의 사절단이 에베소에 도착하여 바울에게 고린도 에클레시아가 격렬한 내분으로 갈라졌다고 전했다. 바울이 에베소에서 만났을 알렉산드리아 유대인 아볼로는 "영성화된" 형태의 복음을 전했다. 그는 이 복음을 받아들인 사람들은 우월한 "지혜"를 얻으며, 이 "지혜"를 얻은 사람들은 보통 사람들보다 더 높은 자리로 올라가게 된다고 했다. 베드로 또한 바울과는 다른 전언을 가지고 고린도에 도착했으며, 그가 예수를 직접 알고 있었기 때문에 베드로 역시 제자들을 끌어들였다. 마침내 신분 상승 욕구를 지닌 고린도인들이 몇몇 가정 회중의 후원자 역할을 하며 자신들의 사회적 지위를 높이려고 했고 성찬식의 음식을 제공했다. 이 새로운 일원들은 바울의 평등주의 복음을 들을 시간이 없었다. 그들은 불평등을 기반으로 번성했던 후견주의 네트워크에 예수 운동을 끌어들였다. 권력과 명성을 위해 서로 경쟁하는 후원자들과 하수인들은 둘 다 실제로는 성령의 선물을 신분의 상징으로 취급했다.[17]

---

17 Horsley and Silberman, *The Message and the Kingdom*, 171-75; Chow, *Patronage and Power*; Dewey et al., trans., *Authentic Gospel*, 73-75.

아볼로는 누구이며 그의 설교는 무엇이었는가? 누가는 우리에게 그가 영적인 열정으로 가득했고 예수의 삶과 죽음의 일들에 대해 정확하게 가르쳤으나 "요한의 세례만 알 따름"이라고 말하고 있다.[18] 세례자 요한은 가장 초기의 복음서인 Q에서 두드러지게 나타났으며, Q는 이 시기 즈음에 한창 쓰이고 있었던 것으로 보인다. 아볼로는 예루살렘에 순례를 간 동안에 요한과 예수의 이야기들을 들었을 수 있다. 그는 성령이 예수에게 내려왔으며 하늘에서 "이는 내 사랑하는 아들이요 내 기뻐하는 자라"는 선언이 있었던 예수의 세례 이야기를 들었을 것이다.[19] 바울은 예수가 죽은 자들 가운데서 들어 올려졌을 때 하나님의 유일한 아들이 되었다고 믿었지만, 아볼로와 그의 추종자들은 예수가 세례를 받을 때 그렇게 되었다고 생각했다.[20] 누가 옳은지 어느 누가 말할 수 있겠는가? 아볼로는 예수 추종자들이 세례를 받을 때 그들 역시 "하나님의 자녀", 즉 하나님이 마음에 들어 하는 완전하고 온전하게 완성된 인간이 된다고 믿었다.[21] 아볼로는 인간은 몸('사르크스sarx')과 혼('프시케psyche'), 그리고 영('프네우마pneuma')으로 이루어져 있으

---

18 사도행전 18:25.
19 마태복음 3:17; 누가복음 3:22; Patterson, *Lost Way*, 218-22.
20 로마서 1:4.
21 고린도전서 4:8-9.

며, 이 서로 다른 측면들이 계속해서 서로와 싸우고 있다고 가르쳤다.[22] 하지만 세례를 받고 나면 새로 태어난 그리스도인 안에서 성령이 최고의 위치를 차지하게 되며 예언, 치유, 방언의 능력을 줌으로써 자신의 존재를 내보이게 되는 것이다. 고린도에 있는 아볼로의 제자들, 즉 '프네우마티코이pneumatikoi'("신령한 자들")는 하나님의 왕국이 이미 완전히 도래했으며 그들은 벌써 영원한 생명을 얻었다고 믿었다. 그들은 자신들의 환상과 계시, 예언이 증명해주듯이 이미 최고의 인간 상태에 도달했기 때문에 그리스도의 재림을 고대하지 않았다.[23] 사실 그들은 "영적인 귀족층"을 형성했다.

아볼로는 원래 알렉산드리아의 유대 철학자인 필론이 설교했었던 유대적 지혜의 전통에 영향을 받았다. 이는 하나님의 속성 또는 하나님으로부터의 산물인 소피아sophia, 즉 "거룩한 지혜"에 대한 개인적인 헌신에 기반을 두고 있다.[24]

---

22 고린도전서 3:1-4. [한국어 성경들에서는 프시케를 대부분 '영혼'으로 번역하였다. 그러나 프시케와 프네우마가 동시에 거론될 때는, 동물에게도 사용되며 육체에서 생명을 유지하게 해주는 프시케를 혼(전도서 3:21), 인간에게만 사용되며 신과의 관계에서 거론되는 프네우마를 영으로 구분하여 번역한다. 이 책은 개역개정에서 근거하여 번역하는 것을 원칙으로 했기에 다음 구절을 따른다. 데살로니가전서 5:23. 23 평강의 하나님이 친히 너희를 온전히 거룩하게 하시고 또 너희의 온 영과 혼과 몸이 우리 주 예수 그리스도께서 강림하실 때에 흠 없게 보전되기를 원하노라_옮긴이]

23 고린도전서 12:1, 8, 14:2, 7-9.

24 Richard A. Horsley, "Rhetoric and Empire - and 1 Corinthians," in Horsley, ed., *Paul and Politics*, 85-90.

이러한 영성 덕분에 제국의 지배하에서 살며 모욕을 느끼는 유대인들이 존엄성을 회복할 수 있었다. 그들은 자신의 통치자들보다 우월한 지혜를 가지고 있었기 때문이다.[25]

아볼로의 말을 듣고 고린도의 멸시받던 장인들과 노동자들은 비슷한 공상을 하며 들떴다. 이제는 귀족 혈통, 세속적 영예, 사회적 구분을 주장하면서도 이러한 세속적 획득물들 때문에 부패하지 않을 것이라는 믿음이 생겼다. 자신들은 완성된 인간이었기 때문이다.[26]

이는 장인들, 노예들, 소매상들에게는 흥분되는 일이었고 모든 종류의 들뜬 가능성을 열었다. 자신들은 더 높은 영적인 지식을 획득했다고 생각했기 때문에 프네우마티코이들은 더는 "신령하지 않은 사람"의 의무인 법과 관습들에 얽매이지 않았다.[27] 그들은 이미 하나님의 자녀로서 자유를 얻었고, 그래서 그들은 "모든 것이 가ᇴ하"다고 말할 수 있었던 것이다.[28] 사회의 사다리를 올라가고자 하는 사

---

25 전게서, 87-89; 지혜서 6:1, 5. [공동번역성서: 1 그러면 왕들이여, 내가 하는 말을 들고 깨달아라. 땅의 끝에서 끝까지를 다스리는 통치자들아 배워라. 5 주님께서 지체없이 무서운 힘으로 그대들을 엄습하실 것이다. 권세있는 자들에게는 준엄한 심판이 기다리고 있다: 솔로몬이 썼다고 알려진 지혜서(Wisdom of Solomon)는 성서의 정경이 아닌 외경으로 분류되며 성서에는 수록되지 않는다. 공동번역성서와 가톨릭 성경은 이 외경을 제2경전으로 수록하였다_옮긴이]

26 고린도전서 1:26.

27 고린도전서 2:13, 15.

28 고린도전서 16:12, 10:23.

람들은 공공 희생제와 잔치에 마음껏 참여했으며(그렇지 않고서는 사회 안에서 지위 상승은 불가능했다), 제물의 고기를 먹었다. 그들이 이 의례들에서 숭배되는 우상들은 존재하지 않음을 알았기 때문이었다.[29] 성령 덕분에 그들은 이제 자신의 몸을 완전히 통제했고, 여성들은 남편을 떠나 독신으로 지낼 자유를 누렸다. 다른 "신령한 자들"은 심지어 근친상간이지만 사회적으로는 유리한 결혼을 하고 창녀들과 자기까지 했다.[30] 또 다른 사람들은 예수 운동의 다른 일원들을 이교도 법정에 고소함으로써 공격적으로 자신들의 이익을 추구했다.[31]

말할 필요도 없이 바울은 이 모든 것들을 혐오스러워했다. 그는 긴 서신을 보내 "글로에의 사람들"이 자신에게 한 질문들에 대답하면서, 갈라디아에 보낸 서신에서 한발 더 나아간 주장을 펼쳤다. 그는 고린도인들에게 자신이 그곳에 머무르며 전했던 말씀의 핵심은 십자가에 매달린 그리스도였음을 상기시킨 후, 이제 이것을 프네우마티코이의 가르침에 적용했다. 「유대적 지혜Jewish Wisdom」를 쓴 저자들은 소피아를 "하나님의 활동력을 비춰주는 티 없는 거울"

---

29 고린도전서 8:4-6.
30 고린도전서 5:1-5, 6:15-17.
31 고린도전서 6:1-3.

이며 "만물을 새롭게 하는 더럽힐 수 없는 빛"으로 묘사했다. "지혜는 태양보다 더 아름다우며 모든 별들을 무색하게 한다." 그리고 "지혜는 세상 끝에서 끝까지 힘차게 펼쳐지며 모든 것을 훌륭하게 다스린다."[32] 하지만 바울은 십자가의 무시무시한 이미지를 자극함으로써 이 순수함, 힘, 온화함, 그리고 아름다움의 맑은 신화를 부수었다. 하나님은 죄인의 몸을 자신의 오른편으로 들어 올림으로써 "이 세상의 지혜를 미련하게 하신 것"이다.[33] 유대인들이 십자가를 불명예로 여기고, 그리스인들에게 그것은 그저 어리석은 일이었던 반면, "십자가에 못 박힌 그리스도"는 "하나님의 능력이요 하나님의 지혜"가 진정으로 의미하는 새로운 계시가 되었다.[34] 하늘과 인간의 일에 대한 기존의 생각들이 완전히 뒤집힌 것이다.

---

32 지혜서 7:26-27, 29, 8:1. (공동번역성서: 24 지혜는 모든 움직임보다 더 빠르며 순결한 나머지 모든 것을 통찰한다. 25 지혜는 하느님의 떨치시는 힘의 바람이며 전능하신 분께로부터 나오는 영광의 티없는 빛이다. 그러므로 티끌만한 점 하나라도 지혜를 더럽힐 수 없다. 26 지혜는 영원한 빛의 찬란한 광채이며 하느님의 활동력을 비쳐 주는 티없는 거울이며 하느님의 선하심을 보여 주는 형상이다. 27 지혜는 비록 홀로 있지만 모든 것을 할 수 있으며 스스로는 변하지 않으면서 만물을 새롭게 한다. 모든 세대를 통하여 거룩한 사람들의 마음 속에 들어 가서 그들을 하느님의 벗이 되게 하고 예언자가 되게 한다. 28 하느님은 지혜와 더불어 사는 사람만을 사랑하신다. 29 지혜는 태양보다 더 아름다우며 모든 별들을 무색케 하며 햇빛보다도 월등하다. 8:1 지혜는 세상 끝에서 끝까지 힘차게 펼쳐지며 모든 것을 훌륭하게 다스린다_옮긴이)

33 고린도전서 1:20.

34 고린도전서 1:22-24.

이런 각본을 따르면 "자랑할 데가 어디냐, 있을 수가 없"(로마서 3:27_옮긴이)는 것이고 "신령한 자들"의 터무니없는 주장에는 아무런 근거가 없었다. 바울은 무자비하게 그들을 깎아내리면서, 그들이 실제로 "육체를 따라 지혜로운 자가 많지 아니하며 능한 자가 많지 아니하며 문벌 좋은 자가 많지 아니하도다"라고 상기시켰다. 메시아의 공동체가 세상에 대고 예수를 하나님의 결정적인 계시로 고백했을 때, 그들은 세상이 이해할 수 없는 지혜를 설교하고 있는 것이었다. 로마인들이 이를 이해했다면 "영광의 주를 십자가에 못 박지 아니하였으리라"는 것이다.[35] 십자가는 모든 형태의 권력, 지배, 그리고 권위를 뒤집었으며, 신성은 강함이 아닌 약함을 통해 드러났다.

그러고 나서 바울은 글로에의 사람들이 던진 질문에 답하기 시작했다. 사례마다 그의 주장의 기반은 공동체의 중요성이었다. "그리스도 안에서" 산다는 것은 사적인 일이 아니었다. 그것은 그가 항상 주장해왔듯이, 사람들이 다른 사람들의 필요를 자신의 필요보다 먼저 생각하고 사랑 안에서 함께 살아갈 때 이루어지는 것이었다. 예수의 진실한 추종자들은 영적인 귀족으로 자신을 높이는 대신에 예수

---

35 고린도전서 2:7-8.

의 케노시스를 따랐다. 그리스도 찬가가 지적하듯이, 예수는 자기 자신을 비우고 십자가의 죽음을 받아들여야만 높은 지위를 가질 수 있었다. 바울이 고린도인들에게 보낸 서신에서 그는 그리스도의 몸, 즉 상호 의존적이고 다원적이며 세상을 기반이라고 여기는 것을 존중하는 공동체의 이미지를 발전시켰다. 그는 이 "몸"을 산산이 부수는 내분에 경악했다. "너희가 각각 이르되 나는 바울에게, 나는 아볼로에게, 나는 게바에게, 나는 그리스도에게 속한 자라 한다는 것이니 그리스도께서 어찌 나뉘었느냐!"[36]

그리스도에 대한 신앙은 개인적인 추구가 아닌 함께 사는 경험이므로 바울은 열정적으로 "신령한 자들"이 부추긴 개인주의에 반대했다. 그리고 그들에게 전체 에클레시아의 통합과 도덕성에 집중하라고 촉구했다. 그는 메시아의 회중 안의 일원들이 서로 고발하고 있다는 소식에 역겨워했다.[37] "신령한 자들"이 자신들이 창녀와 마음대로 성교할 수 있다고 주장했을 때 그들은 이 공동체의 신성한 현실을 위반한 것이었다. "너희 몸이 그리스도의 지체인 줄을 알지 못하느냐? 내가 그리스도의 지체를 가지고 창녀의 지체를

---

36 고린도전서 1:12-13.
37 고린도전서 6:1-3.

만들겠느냐?"[38] 귀족과의 연계를 공고히 하기 위해 자신의 계모와 결혼했던 사람은 누룩이 온 반죽 전체를 부풀게 하듯이 공동체 전체를 오염시켰다.[39] 고린도는 성적인 부도덕으로 유명했고, 이를 생각해보면 남편을 버린 여자들과 아내를 두기 거부하는 미혼 남자들은 문제를 불러일으키는 것이었다.[40] 그들이 자신의 욕망을 통제할 수 있다고 어떻게 보장했겠는가? 바울은 확고했다. "여자는 남편에게서 갈라서지 말고, 만일 갈라섰으면 그대로 지내든지 다시 그 남편과 화합하든지 하라. 남편도 아내를 버리지 말라."[41]

아볼로에 의해 퍼진 독신의 유행은 특히 여성들에게 호소력이 있었던 것으로 보인다. 그것이 당시 사회에 만연해 있던 수혼 제도에서 그들을 벗어나게 해줄, 신이 준 기회였기 때문이다. 당시 여성들은 남편이 죽자마자 그 다음 남편에게로 보내지곤 했었다. 페미니스트 신학자들은 당시 여성들이 남성 지배적인 삶, 아이를 가져야 하는 삶에서 그들 자신을 해방시키지 못했으며, 이를 만든 것이 바울이라고 혹평해왔다.[42] 바울이 고린도 여성들의 지위를 완전하게 인

38 고린도전서 6:15.
39 고린도전서 5:1-7.
40 고린도전서 7:1-2.
41 고린도전서 7:10-11.
42 Elizabeth Schussler Fiorenza, "Rhetorical Situation and Historical

정하지 않았던 것은 사실이다. 하지만 이 서신에서 그의 최우선 목표는 사람들이 사적인 명상의 삶을 만끽하기 위해 공동체로부터 떠나가는 일을 막는 것이었다. 그는 2천 년 후의 여성들이 준수해야 하는, 시간을 초월한 지령을 내린 것이 아니었다. 그는 그리스도의 재림이 임박했다고 확신했기 때문에, 그런 생각을 끔찍하게 여겼을 것이다. 바울은 단지 53년 여름에 고린도에서 일어났던 구체적이고 특정한 상황을 말하고 있었다. 이 서신의 이 장의 후반부에서, 그는 결혼에서 남성과 여성의 동등한 권리를 면밀하게 찬성하고 있다. "남편은 그 아내에 대한 의무를 다하고 아내도 그 남편에게 그렇게 할지라. 아내는 자기 몸을 주장하지 못하고 오직 그 남편이 하며 남편도 그와 같이 자기 몸을 주장하지 못하고 오직 그 아내가 하나니."[43] 바울은 기혼 상태를 그다지 좋아하지 않았다. 그는 "이 세상의 외형은 지나"가는 것이기 때문에 남성과 여성 모두가 결혼의 책임이라는 짐을 스스로 지는 것은 그다지 바람직하지 않다고 믿었다. 하지만 그는 이것은 단지 자신의 개인적인 견해이며, 모

Reconstruction in 1 Corinthians," *New Testament Studies* 33(1987): 386-403; Cynthia Briggs Kittredge, *Community and Authority: The Rhetoric of Obedience in the Pauline Tradition* (Harrisburg, PA: Trinity Press International, 1998).

43 고린도전서 7:3-4.

든 시기에 모든 신자가 지켜야 하는 계시된 원칙이 아님을 분명히 했다.[44]

하지만 이 서신의 두 구절, 바울이 여성은 공공장소에서 입을 다물어야 한다고 명령한 구절은 종종 바울이 가장 악명 높은 완고한 여성 혐오자임을 증명하기 위해 인용된다.

모든 성도가 교회에서 함과 같이 여자는 교회에서 잠잠하라. 그들에게는 말하는 것을 허락함이 없나니 율법에 이른 것 같이 오직 복종할 것이요. 만일 무엇을 배우려거든 집에서 자기 남편에게 물을지니 여자가 교회에서 말하는 것은 부끄러운 것이라.[45]

물론 이것은 "그리스도 안에서" 완전한 성별의 평등함이 있어야 한다는 바울의 주장과 정면으로 배치된다. 이런 불일치가 너무 심해서 많은 학자는 이 구절이 나중에 바울의 서신에 삽입되었다고 생각한다. 바울을 더욱더 그리스-로마의 기준에 들어맞게 하려던 사람들에 의해서 말이다. 바울의 서신들은 그의 사후 열띠게 필사되었고 3세기에서

---

44 고린도전서 7:25-40.
45 고린도전서 14:33-35.

16세기에 이르는 779편의 원고들이 지금까지 남아 있다.[46] 이 서신의 가장 초기 원고들에는 여러 가지 판본이 있으며, 필사한 사람들은 때로 바울이 아닌 자신들의 의견을 반영하는 구절들을 더했던 것으로 보인다. 위에 인용된 구절은 거의 확실하게 이러한 사례 중 하나이다.[47] 첫째로, 이 구절은 이 서신의 초반에 남성과 여성에게 평등한 권리와 의무를 부여하려 한 바울의 관심과 일치하지 않는다. 또한, 다른 누구도 아닌 바울이 "율법"의 권위에 호소하고 있다는 것이 이상하다. 하지만 이 구절이 추후 삽입되었다는 데는 원문과 관련된 이유도 있다. 3세기로 거슬러 올라가는 초반의 문서에서는 이 구절이 다른 대목들에서 나타난다. 그리고 현재의 위치에서는 이 구절이 영적인 재능에 대한 바울의 원래 주장의 흐름을 가로막고 있다. 그리고 바로 그다음 구절부터는 다시 원래의 내용이 막힘없이 이어진다.

바울의 만성적인 배외주의를 증명하기 위해 인용되는 두 번째 구절은, 공동체의 회의 중 기도를 하거나 계시를 받은

---

46 Kurt Aland and Barbara Aland, *The Text of the New Testament*, trans. Erroll F. Rhodes(Grand Rapids, MI: W. B. Eerdmans; Leiden: E. J. Brill, 1987), 78-81.

47 Dewey et al., trans., *Authentic Letters*, 112; Robert Jewett, "The Sexual Liberation of the Apostle Paul", *Journal of the American Academy of Religion* 47(1979): 132.

예언이 있을 때 여성들이 머리를 가려야 한다는 길고 종잡을 수 없는 주장이다.[48] 여기서 바울은 여성들이 대중 앞에서 말하는 일을 문제 삼지 않은 듯 보이는 것이 흥미롭다. 다시 한 번 문제의 구절은 바울의 주장의 흐름에 끼어든다. 바로 앞의 구절에서 그는 공동체가 일반 식사를 할 때 어떻게 행동해야 하는지를 묘사했으며 고린도인들에게 음식에 민감한 다른 사람들을 공격하지 말라고 촉구했다. 이는 통합에 대한 바울의 관심에서 비롯된 것이다. 그러고 나서 여성의 머리를 가리는 것에 대한, 즉 앞뒤 내용과 관련성이 없는 이 논의가 제시된다. 이 직후에, 이번에는 성찬식에 중심을 둔 공동체의 식사에 대한 논의가 계속된다. 역시이 논란거리 구절에서 바울이 주장하는 남성의 권위는 그의 성별 평등에 대한 이론과 실천 모두에 어긋난다. 또한, 관습적인 "관행들"을 주장하는 그 수사학은 바울에게는 상당히 낯선 것으로 디도와 디모데에게 보내는 2세기의 제2바울 서신과 더 비슷하다.[49]

하지만 미국 학자인 스티븐 패터슨은 이 구절이 진본임을 받아들이면서, 이는 여성들에게 이슬람 형식의 히잡을

---

48 고린도전서 11:2-16.
49 Dewey et al., trans., *Authentic Letters*, 110-11; Horsley, "Rhetoric and Empire," in Horsley, ed., *Paul and Politics*, 88.

쓰라는 요구가 아니라 남성과 여성의 머리 모양새에 관해 신경을 쓰고 있는 것이라고 지적한다. 그는 고린도인들이 "남성도 여성도 아니"라는 세례의 외침을 극단적으로 받아들였다고 주장한다. 여성들은 머리를 길게 늘어뜨렸는데, 머리를 둥글게 뒤로 말아 올려 묶거나 존중받는 여성들이라면 쓰게 되어 있는 머리 장식을 하지 않았다. 남성들 또한 머리를 길렀다. 결과적으로 회중의 모든 구성원이 머리칼을 길게 늘어뜨리고 다녔고, 남성과 여성을 구분하는 것이 불가능해졌다. 패터슨의 주장에 따르면 바울은 고린도인들의 신학에는 동의하였으나, 성별 구분을 흐리는 일은 하나님이 창조물에 내려준 것이 아니므로 잘못이라고 주장했다.[50] 이 당시 방랑하는 스토아학파의 철학자들과 함께 여행하는 여성들은 길에서 희롱당하는 것을 피하고자 머리를 짧게 자르고 남성들의 옷을 입었다. 바울은 여성들이 설교하거나 기도를 할 때 마치 남성이 인간의 기준인 것처럼 여겨 남성처럼 보일 필요는 없으며, 여성으로서 설교하고 기도를 해야 한다고 주장한 것일 수 있다.[51]

현재의 성서에서는 논쟁이 치열한 이 구절 후에 바울이 조화로운 성찬식을 호소하는 것으로 이어진다. 음식값을

---

50 고린도전서 11:11-12.
51 Patterson, *Lost Way*, 227-38.

지불하고 장소를 제공하는 부유한 후원자들은 일찍 도착해서 음식과 와인의 가장 좋은 부분을 즐겼다. 그래서 일을 마친 후 늦게 도착한 노예들과 장인들에게는 남아 있는 것이 없었다.[52] 신약에서 예수의 형제인 야고보의 이름으로 쓰인 서신의 저자는 공동체가 부유한 후원자의 관심을 끌면 어떤 일이 일어날 수 있는지 우리에게 보여 준다. 그 저자는 부자와 가난한 사람이 동시에 성찬식에 도착한다고 가정한다. 화려한 옷차림을 한 사람은 즉시 윗자리로 안내받고, 가난한 사람은 "너는 거기 서 있든지 내 발등상 아래에 앉으라"는 말을 듣는다. 이 저자는 경악한다. 하나님은 가난한 사람들을 선택하여 하나님의 왕국을 차지하게 하지 않았던가? 그런데도 여기서 가난한 사람들은 구석으로 몰리고, 부유한 후원자들과 억압자들은 영예를 받는 것이었다.[53]

고린도에서 일어나는 일들을 들었을 때 바울은 이와 정확히 똑같은 반응을 보였다. 그는 "너희가 하나님의 교회를 업신여기고 빈궁한 자들을 부끄럽게 하느냐?"(고린도전서 11:22_옮긴이)라고 물었다. 사람들은 자신의 음식을 가져왔고, 그래서 어떤 사람들은 마실 술이 너무도 많았지만 다

---

52 고린도전서 11:21-22.
53 야고보서 2:1-7.

른 사람들은 먹을 것이 없기도 했다. 회중의 통합을 기념하는 대신에 "분쟁이" 생겼다(고린도전서 11:18_옮긴이). 그는 고린도인들에게 성찬식은 주님의 죽음을 기리고 그의 재림을 고대하기 위한 것임을 엄하게 상기시켰다. 그것은 십자가와 메시아의 케노시스를 불러일으키는 것이었고, 그래서 그런 태도는 완전히 부적절한 것이었다. 이런 식으로 행동하는 사람들은 모두가 "주의 몸을 분별하지 못하고 먹고 마시는 자"였다.[54] 여기서 바울은 성변화聖變化를 부인하거나 성체성사聖體聖事 때 그리스도가 실재로 임한다는 것을 부정하는 것이 아니었다. 이 서신에서 "몸"은 항상 공동체를 말한다. 모든 구성원 안에 메시아가 임해 있다는 공동체의 신성한 핵심을 인정하지 않는 사람들은 하나님 자체를 인정하지 않는 것이었다.

프네우마티코이의 가식에 맞서기 위해서 바울은 이 "영적인 귀족"의 정반대 편에 섰다. 그들이 스스로 "현명한", "영리한", "강인한", 그리고 "강력한" 자들임을 드러낼 때, 바울은 자신이 마게도냐에서의 모욕과 괴롭힘을 겪은 후 고린도에 도착했을 때 "약하고 두려워하고 심히 떨었"다는 것을 강조했다.[55] 고린도인들에게 보내는 그의 모든 서신에

---

54 고린도전서 11:27, 29, 27
55 고린도전서 2:3.

서 바울은 십자가에 매달린 메시아의 약함과 굴욕감, 그리고 무력감을 강조했다. "설득력 있는 지혜의 말"을 쓰거나 영적인 성취를 "자랑"함으로써 감명을 줘서는 안 되었다.[56] "아무도 자신을 속이지 말라. 너희 중에 누구든지 이 세상에서 지혜 있는 줄로 생각하거든 어리석은 자가 되라. 그리하여야 지혜로운 자가 되리라. 이 세상 지혜는 하나님께 어리석은 것이니."[57]

그러므로 우상에게 바쳐진 고기를 마음껏 먹어도 된다는 사람들에게, 바울은 자신들의 확신을 뽐내지 말고 그런 관행들이 잘못되었다고 믿는 공동체의 "더 약한" 구성원들의 믿음을 존중하라고 촉구했다. 맞다, 프네우마티코이는 신학적으로 옳았다. 이 우상들은 존재하지 않으므로 이 음식을 금지할 논리적인 이유는 없었다. 하지만 그것이 "강한" 자들에게 그들의 진보적인 관점을 공격적으로 과시하여 그리스도 안의 형제자매들을 혼란스럽게 만들 권리를 주는 것은 아니었다.[58] 그들이 예수의 케노시스를 모방한다면 그들은 이런 식으로 자신의 권리를 확인해서는 안 되었다. 예를 들어, 바울 자신은 그의 사역에 대한 경제적 지원

---

56 고린도전서 2:4-5.
57 고린도전서 3:18-19.
58 고린도전서 8:9-11.

을 받을 권리가 있었으나, 그 대신에 그는 다른 사람들에게 짐을 지우지 않으려고 노동해서 생계를 꾸리는 일을 선택했다.[59]

성령이 준 재능을 허세를 부리며 과시하는 일에도 이 같은 원칙이 적용되었다. "신령한 자들"은 자신들이 계시를 읊조리거나 방언을 말하는 것이 우월한 지위를 증명한다고 믿었으나, 그들이 벌써 완벽성을 얻었다고 생각하는 것은 틀린 일이었다. 그리스도의 재림이 있기 전까지, 이 모든 재능, 즉 영적 지식('그노시스gnosis'), 계시된 예언, 그리고 방언은 그저 앞으로 올 것의 "부분적인" 모습에 지나지 않았다. 우리의 약함과 죽음으로부터의 완전한 해방은 아직 이루어지지 않았으며, 단지 앞으로 올 희망일 뿐이었다. 이후의 서신에서 바울은 방언이라는 무아지경의, 문맥 없는 웅얼거림은 실제로 강함이 아니라 약함의 표시라고 주장했다. "성령도 우리의 연약함을 도우시나니, 우리는 마땅히 기도할 바를 알지 못하나 오직 성령이 말할 수 없는 탄식으로 우리를 위하여 친히 간구하시느니라."[60] 그리고 아무리 양보해도 이 모든 재능은 사랑으로 물들어 있지 않다면 가치가 없었다. "사람의 방언과 천사의 말을 할지라도 사랑이

---

59 고린도전서 9; Stendhal, *Paul*, 60.
60 로마서 8:16, 23-26.

없으면 소리 나는 구리와 울리는 꽹과리가" 될 뿐이었다.[61]
방언의 은사와 기적, 영웅적 행동, 계시, 영적인 그노시스,
그리고 영웅적인 순교조차도 아가페, 즉 자신을 비우고 공
동체에 헌신하는 사랑에 물들어 있지 않으면 가치가 없었
다. 이 "사랑"은 그저 마음속의 따뜻한 정열일 뿐 아니라 회
중을 계발하고 세우는 실질적인 행동들로 표현되어야만 했
다. 계시된 예언이 방언보다 더 큰 재능이라고 바울이 믿었
던 이유는 그 때문이었다. 방언으로 말할 때는 그게 무슨
말인지 아무도 알아들을 수 없었지만, 예언은 다른 사람들
의 가슴 속에 직접 대고 말할 수 있었기 때문이었다. 그러
므로 "방언을 말하는 자는 자기의 덕을 세우고 예언하는
자는 교회의 덕을 세우는 것이다."[62]

이 서신의 마지막에서 바울은 자신들이 이미 불멸의 존
재이기 때문에 "죽은 자 가운데서 부활이 없다"는 프네우
마티코이의 확신을 공격했다.[63] 누군가를 이미 완벽하여 완
전히 이루어진 사람이라고 생각하는 것은 위험했다. 그것
은 사람들에게 그들은 내재적으로 흠이 없으므로 창녀와
자고, 근친상간의 결합을 맺고, 성찬식에서 가난한 사람들

---

61 고린도전서 13:1.
62 고린도전서 14:4; Stendhal, *Paul*, 110-14.
63 고린도전서 15:12.

을 무시하는 등 제멋대로 할 수 있다는 환상을 심어주었다. 이는 윤리적 파산을 낳고 믿음을 자아도취로 축소하는 태도였다. 무엇보다도 이는 예수의 죽음의 의미를 완전히 전복시켰다. 그래서 바울은 "신령한 자들"을 세상 속으로 끌어내리고자 했다. 이를 위해 그는 예수 운동이 무아지경이나 다른 진기한 정신 상태를 막연하게 추구하는 것이 아니라는 점을 상기시켰다. 반대로, 예수 운동은 역사적인 사건들에 뿌리를 두고 있었다. 예수는 끔찍한 죽음을 당했고 하나님의 오른편으로 육체가 들어 올려졌다. 그는 살아난 예수를 봤던 사람들을 나열했다. 베드로, 열두 사도, 500명의 교우, 야고보, 그리고 마지막으로 그 자신이었다. 예수의 죽음은 역사의 경로를 바꾸었겠지만 그 과정은 아직 완성되지 않았다. 예수가 그리스도의 재림으로 돌아올 때야 비로소 우리는 "홀연히 다 변화"할 것이며 "승리가 사망을 삼키"게 될 것이었다.[64] 그리고 비로소 그때에 그리스도가 "모든 통치와 모든 권세와 능력을 멸하시고" 하나님의 나라를 세울 것이었다.[65]

주장을 마무리하기 전 바울은 그의 능동적인 남은 생애를 바치게 될 새로운 사업을 선언했다. 이제 그는 에클레시

---

64 고린도전서 15:51-55.
65 고린도전서 15:24.

아들이 무너지기 쉽다는 것을 알아차렸다. 에클레시아는 길을 잃기 쉬웠고 따라서 예수 운동의 첫 번째 원칙들에서 굳건한 기반을 마련할 필요가 있었다. 예수 운동은 본래 억압적인 제국의 질서에 대한 대안이었고, 상호 간의 지원이 이루어지는 공동체를 세우는 것에 집중했었기 때문이다. 그는 회중에게 현실을 자각시켜야 했고, 사람들은 개인적인 영적 미혹으로 빠져드는 대신에 서로 간의 심오한 연결을 깨닫고 표현해야만 했다. 그들이 비현실적인 영적 모험에서 떠도는 것을 막기 위해서는 그들 믿음의 역사적인 뿌리를 상기시킬 필요가 있었다. 그래서 바울은 예루살렘 공동체를 위한 헌금을 시작하기로 했다. 예루살렘 회의에서 그는 교회의 기둥들에게 '에비오님', 즉 "가난한 자들을 기억"하겠다고 약속했었다. 그들의 어려움을 줄이기 위한 물품을 모으는 것은 야고보에게 그의 사역이 진실로 결실을 맺었다는 것을 보여줄 뿐 아니라, 그의 공동체들에게 우선순위를 알려줄 수도 있을 것이었다.

바울은 이미 갈라디아에서 모금을 시작했었다. 그는 서신을 보내 그곳의 제자들에게 확신을 주었고 그들은 유대교로 개종하려던 계획을 포기했었다. 매주 일요일 회의가 끝난 후, 에클레시아의 모든 구성원은 주화나 방물, 금붙이, 또는 상속 재산 등 그들이 낼 수 있는 것은 무엇이든 기부했다. 정해진 절차에 따라 예루살렘으로 전달될 물품 더미들이 점차 쌓여 갔다. 메시아가 죽고 부활했던 장소인 성도를 매주 상기시키는 이 행위는 갈라디아인들이 이스라엘과의 관계를 새롭고 독립적으로 발전시키는 데 도움이 될 것이었다. 바울은 이 헌금을 우월한 회중에 대한 공물세의 일종으로 절대 생각하지 않았다. 그는 항상 그것을 각기 동등한 입장의 한 메시아 회중이 다른 회중에게 보내는 "선물"('카리스charis')이라고 불렀다.[66] 바울은 고린도인들에게 보내는 서신에서 갈라디아인들에게 했던 것과 같은 지시를 내렸다. 아마도 이 실질적인 사업이 고린도인들을 그들의 유아독존적인 내향성에서 벗어나게 해 다른 이들의 가난에 애정이 담긴 적극적인 관심을 보내기를, 즉 아가페를 함양하는 데 도움이 되기를 바란 것이다.[67] 헌금은 또한 그들의 믿음이 역사적인 사건에 기반을 두고 있으며, 그들이 다른 회중들과 동료애로 연결되어 있음을 정기적으로 상기시켜 줄 것이었다.[68] 그것은 고린도인들이 말려든 후견주의의 그물에서 벗어날 수 있게 도와줄 것이었다. 가난한 사람들이 부자들의 금품 지원에 의존하는 시스템 대신, 모두가 동

---

66 Dieter Georgi, *Remembering the Poor: The History of Paul's Collection for Jerusalem* (Nashville, TN: Abingdon Press, 1992), 53-54.

67 고린도전서 16:2.

68 Georgi, *Remembering the Poor*, 49-53.

등한 참가자로서 헌금을 기부하는 것이었다. 이는 제국의 공물 체계와 충돌했다. 지방에서 착취된 부는 수도로 전달되었지만, 이 헌금은 신민 민족들 사이에 이루어지는 기부였다.[69] 바울은 그다음 고린도를 방문할 때는 그들의 헌금을 유다로 가져갈 사절단들을 통해 소개서를 보내겠다고 고린도인들에게 전했다. 그는 자신이 그 도시에 도착할 때 헌금이 준비되어 있기를 분명히 기대했다. 하지만 상황은 다시 한번 극적으로 바뀌고 있었고, 곧 그 헌금은 고린도에서 새로운 분쟁의 원인이 되었다.

69 Horsley and Silberman, *The Message and the Kingdom*, 176-78.

5.

헌금

5. The Collection

바울이 고린도인들에게 보낸 서신은 그가 원했던 효과를 만들었다. 디모데는 "신령한 자들"을 성공적으로 공동체의 일원으로 되돌렸으며, 회중은 헌금을 시작하기를 기다리고 있다고 보고했다. 고린도인들은 또한 그 사업 내내 바울과의 가까운 결속을 유지하기를 원했으며 그의 다음 방문을 열렬히 기다렸다. 바울은 아마도 53년 가을, 마게도냐를 다시 방문하여 겨울을 그곳에서 지낸 후에 고린도로 갈 계획이었다.[1] 하지만 그는 소아시아에서 한 약속을 깰 수

---

1   고린도전서 16:5-7.

없음을 알고 대신 디도를 보냈다. 디도가 따뜻한 환영을 받긴 했다. 그러나 고린도에 있는 바울의 제자들은 깊은 상처를 받았고, 이들의 큰 실망 때문에 고린도에서 일어난 그다음 위기가 생긴 것인지도 모른다.[2]

54년 여름에 바울은 예수 운동의 새로운 전도 집단이 고린도에 기반을 세웠고 자신의 가르침을 정면으로 부인하고 있다는 소식을 들었다. "신령한 자들"이 헬레니즘 유대교의 영지 운동에서 영향을 받았다면, 이 새로운 사도들에게 동기를 부여한 것은 디아스포라 유대인 일부가 발전시킨 선교 신학이었다. 이들은 전 세계가 유대교로 개종할 때를 고대했고, 그때가 되면 이스라엘은 정의와 평등이라는 새로운 세계 질서를 주재하게 될 것이라고 믿었다. 이는 민주주의가 될 것이었으나 그렇다고 해서 정도를 벗어난, 어리석은 대중들에 의한 정부를 의미하는 것은 아니었다. 이 새로운 전도자들은 그러한 대중들에게 쏟을 시간이 없었다. 그 대신에 세상은 유대 민족의 덕을 가장 잘 체화한 사람들이 다스리게 될 것이었다. 이 유대 전도자들에게 가장 중요했던 것은 모세나 엘리야 또는 메시아와 같은 인간, 즉 진정한 유대적 가치들을 체화했으며 헌신적인 행동의 모범이자

---

2 고린도후서 1:13-22.

자극제로 행동할 수 있는 "신적인 인간"('테이오스 안트로포스theios Anthropos')이었다.[3]

고린도의 새로운 전도자들은 예수가 이 신적인 인간 중하나였으며 그들 역시도 이 최상의 유대 자질들을 간직하고 있다고 믿었다. 그들은 바울이 재정적인 지원을 거절하고 평범한 노동자처럼 일하기로 한 것은 그의 가르침이 가치가 없음을 암묵적으로 인정한 것이라고 주장했다. 바울은 분명히 테이오스 안트로포스가 아니었다. 반대로, 그들은 그가 헌금으로 가난한 사람들의 돈을 착취했다고 비난했다. 이 새로운 자들은 자신들의 영적인 위업을 과시하면서 바울의 평등주의 이상에 어긋나는 귀족적인 리더십을 예수 운동에 도입했다. 바울은 이 소식을 듣고 즉시 고린도인들에게 또 다른 서신을 보냈다. 그리고 조만간 그들을 방문할 것이라고 맹세했다.

우리는 고린도후서라고 알려진 문서를 통해 이 새로운 전개에 대해 알게 되었다. 사실 이는 하나의 서신이 아니라 서신 다섯 편의 모음집이다. 또한 시간 순으로 정리되지 않았으며 바울적이지 않은 내용도 삽입되어 있다. 이 서신 왕

---

3 Dieter Georgi, *The Opponents of Paul in Second Corinthians: A Study of Religious Propaganda in Late Antiquity* (Edinburgh: T. & T. Clark, 1987 [1986]), 227-28, 368-89.

래에서 바울은 반대파들의 이름을 절대 언급하지 않았다. 하지만 이 교활한 조작꾼들이 풍기는 분위기에 걸맞게 이들을 "특출하다는 사도" 또는 "거짓 사도들"이라고 불렀다. 이런 표현에는 이들이 자기 과시만 가득한 말을 전하며 스스로 그리스도의 사자라고 가장할 뿐인 교활한 자(고린도후서 12:16_옮긴이)라는 의미를 담고 있었다.[4] 그들은 자신들이 적법한 유대인임을 과시적으로 드러내면서 스스로를 "히브리 사람들", "이스라엘 사람들", 그리고 "아브라함의 후손들"이라고 불렀다.[5] 그들은 자신들이 정교하고 미묘한 알레고리적 해석을 통해 유대 전통을 우월하게 이해하고 있음을 과시했고 탁월한 황홀경과 기적이 자신들의 신적인 지위를 증명한다고 주장했다. 바울은 예수의 죽음이 과거와의 단절을 표시한다고 주장했지만, 이 특출한 사도들은 고대성의 매력을 주장했다. 그들은 또한 자신들이 예수 운동의 진정한 대표자라는 것을 입증하는 추천서를 보낼 수도 있다고 말하면서 바울은 그런 자격이 없음을 지적하며 조소했다.

특출한 사도들은 비범한 것들, 놀라운 것들, 그리고 초인을 찬미하는 그리스 세계의 경쟁적인 풍조에 완전히 젖어

---

4   고린도후서 11:5, 13.
5   고린도후서 11:22.

있었다.[6] 인정과 경외에 대한 격렬한 경쟁적 바람은 그리스-로마 세계의 자유 시장 경제와 정치적 이념을 촉진했다. 이는 기적 중심의 문화였다. 모든 비문과 시, 웅변이 민중들을 경외감으로 채우는 놀라운 행위들을 찬미했다. 플루타르크에 따르면 이 특출한 사도들의 선교 신학 역시 보편적 중재라는 제국 테마의 유대적 판본이었다. 그 시작은 "자신이 통합자이자 중재자로서 왔다"고 한 알렉산더 대왕으로 거슬러 올라간다. 알렉산더는 "단 하나의 법이 모든 사람을 지배해야 하며, 그들은 단 하나의 정의와 단 하나의 빛의 원천을 우러러보아야 한다"로 결정되었다.[7] 로마의 충성스러운 시민은 가이사가 알렉산더의 망토를 걸쳤다고 믿었다. 유대 선교 신학이 이스라엘 사람들에게 보편적 중재라는 이 역할을 담당해야 한다고 주장했을 때, 이는 유대적 지혜의 전통과 마찬가지로 신민 민족으로서의 구별과 존경의 척도를 되살리기를 열망하는 이스라엘인들에 대한 이념적인 전략이었다. 고린도에서 이 특출한 사도들은 예수의 놀라운 기적들과 자신들의 예외적인 공적들을 유대교 안에 있는 경탄할만한 힘의 증거로 제시했다. 유대교는 언젠가 전 세계를 유대 율법이라는 "단 하나의 법"과 "단 하나

---

6 Georgi, *Theocracy*, 62-70.

7 Plutarch, *Life of Alexander*, 329c-330d, translated in ibid., 66.

의 목적"에 복종시킬 것이었다.

바울은 자신을 무너지기 쉽고 나약한 자로 드러내 보이면서 아볼로와 "영적인 인간들"에 맞섰던 적이 있었다. 이 방식은 그가 특출한 사도들의 오만함에 도전할 때 훨씬 더 뚜렷하게 드러났다. 54년 여름, 바울은 처음으로 그들의 주장에 맞선 편지를 전했다.[8] 그는 자기 자신과 동료들을 정복자 영웅이 아니라 그리스도의 개선 행렬 높은 곳에서 옮겨지고 있는 전쟁 포로로 묘사하면서 글을 시작했다.[9] 바울의 동료들은 그 자체로 바울의 가슴 속에 깊이 새겨져 지워지지 않는 살아 있는 증명서이기 때문에 고린도인들에게 추천서를 보낼 필요가 없었다. 그러고 나서 그는 토라 경전은 하나님의 살아 있는 현존인 성령으로 대체되었다는 자신의 믿음을 되풀이하면서, 특출한 사도들이 유대 전통에 아첨하며 자신들을 과시하는 것에 맞섰다. 다시 한번, 이것은 일련의 아주 특정한 상황들에 대한 대답으로 쓰인 서신이었다. 이는 유대교 그 자체에 대한 일률적인 비난이 아니었으며, 강압적인 신비성과 비범함을 쥐어짜내는 것에 의존하는 유대교 해석에 대한 비판이었다.

8　이 서신은 고린도후서 2:14-6:13, 7:2-4에서 볼 수 있다. 삽입된 구절(6:14-7:1)은 이후에 바울이 적지 않은 것을 삽입한 것이다.

9　고린도후서 2:14.

바울은 청자들에게 시나이 산에서 모세가 여호와 앞에 섰던 때와 율법이 적힌 석판을 들고 산에서 내려왔을 때를 상기시켰다. 당시 그의 얼굴은 천상의 빛으로 빛나고 있었으며 평범한 이스라엘 사람들은 놀라 "그에게 가까이 가기를 두려워" 했다. 모세가 여호와의 계명을 사람들에게 전달할 때마다 똑같은 일이 일어났다. "이스라엘 자손이 모세의 얼굴의 광채를 보"았고, 모세는 말을 끝내고 나면 얼굴에 수건을 덮어서 이 압도적인 빛으로부터 사람들을 보호했다.[10] 바울이 말하기를, 옛 율법은 너무도 눈부신 광채와 함께 사람들에게 전해져서 그들은 두려움과 놀라움으로 가득 찼고 가까이하지 못했던 것이다. 바울이 계속해서 말하기를, 그러므로 토라의 계시(아포칼룹시스)는 그날까지도 "벗기기"보다는 "덮혀" 있었고 율법이 큰 소리로 읽힐 때마다 "수건이 그 마음을 덮"게 되고 그 의미는 알레고리적으로 해석될 때만 비로소 명확해졌다. 하지만 이제 하나님의 성령이 그 너울(수건)을 없애고 모두와 직접 소통하게 되었다. 사람들을 우둔한 묵종의 상태로 흐리게 하는 마법적인 힘의 장신구 대신에 하나님의 자녀가 갖는 자유가 있었다.[11] 메시아 예수는 사람들을 혼란스럽고 놀라게 하는 혼

---

10 출애굽기 34:29-35.
11 고린도후서 3:6-17. (원문과 영어 성경들에서의 'veil'은 너울로 번역되는데, 개역

자만의 명성에 기대지 않았다. 이 "성스러운 사람" 예수는 그의 추종자들과 하나가 되어 그들이 자신의 신성한 영광에 참여하게 하였다. "우리가 다 수건을 벗은 얼굴로 거울을 보는 것 같이 주의 영광을 보매 그와 같은 형상으로 변화하여 영광에서 영광에 이르니 곧 주의 영으로 말미암음이니라."[12]

바울은 특출한 사도들이 예수가 십자가형을 당했던 것을 잊었다고 주장했다. 그의 죽음의 불명예는 "이 세상의 신(god)"(고린도후서 4:4_옮긴이)인 가이사가 보인 화려함과 장엄함에 눈먼 사람들에게 복음이 닿을 수 없게 만들었다. 예수의 진정한 사도들은 초인들이 아니라 십자가의 죽음 앞에서 자신의 나약함을 보이는 사람들이었다. 그들은 압박받고 쫓겨 다녔으며 죽임을 당했다. "우리가 항상 예수의 죽음을 몸에 짊어짐은 예수의 생명이 또한 우리 몸에 나타나게 하려 함이라."[13] 그러므로 그리스도의 진정한 대변자들은 특출한 사도들이 아닌 바울과 그의 동료들이었다.[14] 그들은 자신들의 뛰어난 업적을 거론하면서 스스로를 내세우기보다, 그들이 "환난과 궁핍과 고난과 매 맞음과 간

개정에서는 수건으로 번역되었다._옮긴이)

12 고린도후서 3:18.

13 고린도후서 4:8-10.

14 고린도후서 4:14, 16-18.

힘과 난동과 수고로움과 자지 못함과 먹지 못함"을 잘 견디
어낸 것을 보여줄 뿐이었다.[15] 서신 말미에 바울은 그의 개
종자들에게 간구했다. "마음으로 우리를 영접하라. 우리는
아무에게도 불의를 행하지 않고 아무에게도 해롭게 하지
않고 아무에게서도 속여 빼앗은 일이 없노라." 무슨 일이
있더라도 고린도의 에클레시아는 그의 마음속에 영원하게
자리 잡고 있었다.[16]

고린도에서 누군가 몸짓을 섞어 가며 바울의 서신을 읽
어주는 장면을 상상해보자. 그는 토라가 너울에 가려졌다
가 드러나는 장면, 사람들이 경외감과 공포에 떨면서 물
러서는 장면을 마임을 통해 극적으로 보여 주었을 것이다.
고린도인들은 이 마임을 호의적으로 받아들였을 테지만,
54년 가을에 있었던 바울의 재방문은 재앙이었다. 이제 특
출한 사도들의 웅변적 재기에 익숙해진 고린도 시민들은
바울이 초라해보인다는 생각을 하게 되었다. "그의 편지들
은 무게가 있고 힘이 있으나 그가 몸으로 대할 때는 약하고
그 말도 시원하지 않다."[17] 바울은 회중 전체 앞에서 공격
받고 수모를 당한 듯 보인다. 그는 재정 사기의 혐의로 홀로

---

15 고린도후서 6:4-5, 9-11.
16 고린도후서 7:2-3.
17 고린도후서 10:10.

법정에 서야 했다. 그는 다메섹 사역을 부풀리고 회중을 두렵게 했다는 질책을 받았다. 그는 좌절하고 패배한 채 에베소로 돌아왔고 그의 사역 전체가 무너졌다고 확신했다.

이러한 고소에 공격적으로 대응하고 싶은 사람도 있었겠지만, 그러는 대신에 바울은 그저 진정한 힘은 힘없음에 놓여 있다는 그의 주장을 반복할 뿐이었다. 비통과 불안의 상태로 격하게 울면서 그는 스스로 "눈물로 쓰는 편지"(고린도후서 2:4_옮긴이)라고 불렀던 새로운 서신을 쓰도록 했다.[18] 이제는 잃을 것이 없다고 확신하면서 그는 자신을 웃긴 인물로 내던져 "어리석은 사람이라 치고 하는 말"이라는 유머를 섞은 수사학적 디아트리베를 사용했다. 그리고 허를 찔린 청자들이 새로운 개념을 받아들이고 그들의 최근 입장의 결과와 의미에 대해 진지하게 생각하게 했다. 그는 이렇게 시작했다. "누구든지 나를 어리석은 자로 여기지 말라. 만일 그러하더라도 내가 조금 자랑할 수 있도록 어리석은 자로 받으라." 고린도인들 스스로가 특출한 사도라는 사기꾼들에게 자진해서 괴롭힘을 당하고 자진해서 모욕을 받은 것으로 보아 바울만이 유일한 바보는 아니었다. 분명 그들은 기꺼이 어리석은 자들이 되었던 것이다. "누가 너희

---

18 고린도후서 10-13장.

를 종으로 삼거나 잡아먹거나 빼앗거나 스스로 높이거나 뺨을 칠지라도 너희가 용납하는도다."[19] 그 역시도 원한다면 특출한 사도들처럼 거드름을 피울 수 있었다. 그에게는 그들과 정확히 똑같은 자격이 있었기 때문이었다. 어쨌든 그 역시도 히브리 사람이고, 이스라엘 사람이며, 아브라함의 자손이었던 것이다. 그래서 어쨌단 말인가? 이 거짓 사도들은 메시아의 종임을 주장했으나 바울은 그들을 넘어설 수 있었다. 그러나 그는 여전히 자신의 수많은 업적을 자랑하는 대신에 어리석은 사람이라 치고 하는 말을 하면서, 일련의 재앙과 실패들을 나열했다.

유대인들에게 사십에서 하나 감한 매를 다섯 번 맞았으며 세 번 태장으로 맞고 한 번 돌로 맞고 세 번 파선하고 일 주야를 깊은 바다에서 지냈으며…… 강도의 위험과 동족의 위험과 이방인의 위험과 시내의 위험…… 또 수고하며 애쓰고 여러 번 자지 못하고 주리며 목마르고 여러 번 굶고 춥고 헐벗었노라.[20]

이것이 바로 그리스도의 제자라면 자랑해야 하는 것이었다! 그는 이 풍자적인 서술을 끝맺으면서 다메섹에서 도

---

19 고린도후서 11:16-21.
20 고린도후서 11:24-27.

망칠 때 받았던 수모를 묘사했다. 그때 그는 동료들에 의해 빨래 광주리에 굴욕적으로 담긴 채 성벽 아래로 보내졌던 것이다.[21]

바울은 자신의 사도다운 자격에서 벗어나 영적인 업적을 강조하면서 청자들을 압도하고 마비시켜서 소처럼 탄복하고 있는 상태로 빠뜨리는 수사학적 기술을 사용하기를 거부했다. 그 대신에 그는 자신이 천국을 통과하여 날아갔던 경이롭고 신비로운 이야기를 들려주면서 바보처럼 우물거리고 머뭇거렸다. 그의 적대자들이 그랬듯이 자신감에 차서 자신의 환영에 청자들이 감탄하게 하는 대신에, 바울의 이야기는 온통 불명확했다. 그가 자신의 육체와 함께였는지, 육체를 벗어나 있었는지 그는 알지 못했다. 그가 가장 높은 천국에 도달했었는가? 누가 알겠는가? 하지만 마지막에 바울은 그러한 경험들을 자랑하는 것이 적절한 것인지 고린도인들이 생각해보게 하였다. 바울은 고린도인들에게 그의 체험을 전하며, "말로 표현할 수 없는 말을 들었으니 사람이 가히 이르지 못할 말"이었다고 했다. 그가 자랑할 것이라고는 자기의 약함뿐이었고, "내가 만일 자랑하고자 하여도 어리석은 자가 되지 아니할 것은 내가 참말을 함

---

21 고린도후서 11:32-33.

이"기 때문이었다.[22] 바울이 특출한 사도들처럼 이러한 계시들로 인해 지나치게 우쭐대지 않게 하려고 하나님은 그에게 "가시, 곧 사탄의 사자"를 주었다. 이것이 미혹이었을까? 아니면 육체적 병이었을까? 바울은 말하지 않았다. 그는 단지 하나님이 그에게 한 말을 반복할 뿐이었다. "내 능력이 약한 데서 온전하여짐이라." 여기에 그는 자신의 사례를 놓는다. "이는 내가 약한 그 때에 강함이라."[23]

바울이 "눈물로 쓰는 편지"를 보낸 직후에 그의 운은 다시 바닥을 쳤다. 지난 몇 년 동안 글라우디오는 궁정 내의 음모들로 갈팡질팡했고 54년 10월에 아내에게 독살당하자 열일곱 살짜리 아들인 네로가 그를 계승했다. 새로운 황제의 즉위는 안도와 기쁨 속에서 환영받았고 제국 전체에서 황제 숭배가 부활했다. 하지만 로마는 곤란에 처해 있었다. 파르티아인들이 동부 국경을 위협했고 유다에서는 봉기가 일어났다. 희생양이 필요했다. 아시아 총독인 마르쿠스 유니우스 실라누스가 반역죄를 쓰고 네로의 하수인에게 살해되었으며, 바울은 현지 불만 세력을 검거할 때 에베소에서 투옥되었다. 언제나 로마의 대변인이었고 바울이 제국의 적으로 간주되었다는 것을 인정하지 않으려 하는 누가

---

22 고린도후서 12:1-6.
23 고린도후서 12:7-10.

는 이에 대해 아무것도 말하지 않았다. 그 대신에 누가는 아르테미스 신전의 폭동 이후 아르테미스 여신상을 만들던 은 세공사가 바울이 여신 숭배를 손상함으로써 자신들의 일이 문을 닫게 되었다고 고소하면서 에베소에서의 바울의 사역은 끝이 났다고 말하고 있다.[24]

한동안은 사형이 분명해보였고 바울은 절망에 빠졌다. 그는 이후에 "힘에 겹도록 심한 고난을 당하여 살 소망까지 끊어"졌다고 적었다.[25] 하지만 몇 주가 흐르면서 그의 기분은 나아졌다. 그가 사랑하는 빌립보인들이 헌금을 조직했고 바울이 더 나은 배급과 대우를 받도록 간수들에게 줄 뇌물과 함께 에바브로디도를 에베소로 보냈다. 바울은 또한 그의 투옥으로 복음이 널리, 심지어 제국의 경비대에 있는 관료들 사이에서까지 이야기되고 있으며, 예수 운동의 구성원들이 "겁 없이 하나님의 말씀을 더욱 담대히 전하게 되었"다는 것을 알게 됐다. 실제로 그의 반대파들은 단지 "시기와 경쟁심으로" 복음을 말했으며 그에게 고통을 안겼다. 하지만 그게 무슨 상관이란 말인가? 어쨌든 복음은 전파되고 있었다. 바울은 빌립보인들의 선물을 반기면서 그들에게 자신이 평정심을 회복했음을 알렸고, "아무 일에든

---

24 사도행전 19:23-27.
25 고린도후서 1:8.

지 부끄러워하지 아니하고 지금도 전과 같이 온전히 담대하여 살든지 죽든지 내 몸에서 그리스도가 존귀하게 되게 하려"는 것임을 확신했다.[26]

빌립보인들의 관대함으로 인해 그는 예루살렘에 보내는 헌금을 새롭게 보게 됐다. 특출한 사도들은 그에게 예수 운동 내부의 이기주의와 야망이 제국의 권위의 불의만큼이나 해로운 것이 될 수 있음을 보여 주었다. 그는 그리스도 찬가를 빌립보인들에게 인용하면서, 그들에게 일상에서 메시아의 케노시스를 모방함으로써 이런 태도를 피하라고 상기시켰다. 그는 그들이 보내준 선물에 감사했으나 일부러 관심을 물질적인 기부에서 돌리면서 다소 무례할 정도로 "어떠한 형편에든지 나는 자족하기를 배웠노니"[27] 사실 자신은 그런 도움이 필요하지 않았다고 주장했다. 그를 기쁘게 한 것은 바로 그 헌금을 모은 정신이었다. 처음부터 그는 빌립보인들에게 그들이 갈릴리에서 예수 사역의 핵심이었던 "주고받음"의 윤리를 이해했다고 말했다. 그들의 선물은 아가페의 표현이었다. 하지만 그것은 또한 숭배의 행위, 즉 "좋은 냄새를 풍기는 향기이며 하나님께서 기꺼이 받아주실 전례('레이투르기아leitourgia'. 그리스어로 백성을 의미하는

---

26 빌립보서 1:12-30. (예루살렘 바이블)
27 빌립보서 4:11.

라오스laos와 일, 사업을 의미하는 에르곤ergon의 합성어로 백성의 백성을 위한 봉사를 뜻한다. 예배의 거행뿐 아니라 복음 선포와 사랑의 실천도 포함한다_옮긴이)"이기도 했고, 하나님은 이에 관대하게 대답할 것을 알고 있었다.[28] 이러한 이해는 헌금에 대한 앞으로의 바울의 생각에 영향을 미치게 되었다.[29]

55년 봄 혹은 여름에 바울은 감옥에서 풀려났다. 우리는 왜, 어떻게 그렇게 된 것인지 알지 못한다. 그가 후에 말하기를, 아마도 브리스가와 아굴라가 목숨을 걸고 그가 도망치도록 도와줬던 듯했다. 분명히 그는 에베소에서 꾸물거릴 수 없었고 복음을 설교할 희망에 부풀어 즉각 드로아로 출발했다.[30] 그러나 그는 고린도에서 날아온 소식을 듣고 절망했다. 그가 투옥 직전에 보냈던 "눈물로 쓰는 편지"가 고린도인들을 설득시키지 못했던 것인가? 무슨 일이 있었는지를 알아보기 위해서 디도는 벌써 고린도로 출발했고, 그래서 바울은 그를 만나기 위해 마게도냐로 떠났다. 하지만 거기에서도 역시 그는 문제에 부딪혔고, "밖으로는 다툼이요 안으로는 두려움"이었다.[31] 다시 한번 묵은 할례의 문제가 불거졌으며 마게도냐에 있는 그의 추종자들 일부가

---

28 빌립보서 4:18.
29 Georgi, *Remembering the Poor*, 63-67.
30 고린도후서 2:12.
31 고린도후서 7:5.

유대교로 완전히 개종하는 것을 진지하게 고려하고 있었던 듯하다. 그는 빌립보인들에게 또 다른 서신을 보내어 그들에게 할례를 강제하려고 하는 사람들에게 신경 쓰지 말 것을 강하게 촉구했다.[32] 하지만 바울은 이러한 장애물에 절망하고 있을 시간이 없었다. 디도가 대단한 소식을 가지고 도착했기 때문이다. 어찌 된 일인지 특출한 사도들이—디도의 개입이 있었거나 고린도인들의 자체적인 행동의 시작으로—물러났고, 그의 개종자들이 바울과 화해하기를 간절히 바라고 있었다. 바울은 그의 "화해의 서신"에서 고린도인들에게 "너희의 사모함과 애통함"과[33] "나를 위하여 열심 있는 것"을[34] 디도가 전했다고 적었다. 그는 자신의 서신이 그들에게 상처를 주었다는 것을 깨달았고 그들이 디도를 "두려움과 떪으로" 맞았으며 그가 요구하는 것은 어떤 일이든 할 준비가 되어 있음을 알았다.[35] 사실 바울은 그 경험이 그들을 전보다 더 강하게 만들어 주었다고 결론지었다. "하나님의 뜻대로 하게 된 이 근심이 너희로 얼마나 간절하게 하며 얼마나 변증하게 하며…… 얼마나 열심 있게

---

32 빌립보서 3:2-10; 빌립보인들에게 보내는 서신은 아마도 3개의 다른 서신을 편집자가 묶은 문서일 것이다. 때문에 우리는 언제 이 사건이 일어났는지 알 수 없다.

33 고린도후서 1:1-2:13, 7:5-16.

34 고린도후서 7:7.

35 고린도후서 7:15.

하며 얼마나 벌하게 하였는가. 너희가 그 일에 대하여 일체 너희 자신의 깨끗함을 나타내었느니라."[36]

이 예상치 못했던 전개 이후 얼마 지나지 않아서, 바울은 그다음 서신에서 고린도인들에게 마게도냐인들에게 발생했던 문제 역시 사라졌음을 알릴 수 있었다. 그들은 시험의 기간을 견뎌 냈고 "환난의 많은 시련 가운데서 그들의 넘치는 기쁨과 극심한 가난이 그들의 풍성한 연보를 넘치도록 하게" 했으며 지금은 헌금에 더 열성적이어서 "내가 증언하노니 그들이 힘대로 할 뿐 아니라 힘에 지나도록 자원하"였다고 바울은 말한다.[37] 이제 바울은 고린도인들에게 헌금을 다시 시작할 것을 촉구했다. 그들의 시작은 좋았고 이제는 "믿음과 말과 지식과 모든 간절함과 우리를 사랑하는 이 모든 일"에 아주 충만했다. 그래서 그들은 하나님의 이 은혜로운 봉사(레이투르기아)에서도 마찬가지로 후해야만 했다.[38] 바울이 이때 거듭해서 표현하고 있는 기쁨은 단순한 행복감이 아니었다. 그것은 새로운 세상의 도래를 알리는 성령의 신호인, 예수 운동 구성원들의 우호와 활동들에 대한 기쁨이었다.[39] 헌금 사업은 한동안 비참하게 궁지

---

36 고린도후서 7:11.
37 고린도후서 8:2.
38 고린도후서 8:7.
39 고린도후서 7:13, 빌립보서 2:2, 데살로니가전서 3:9.

에 몰렸으나 이제는 압도적인 기세를 얻게 되었다.[40]

디도는 두 명의 동행자와 함께 헌금을 조직하러 고린도로 갔다. 이 둘 중 한 명은 예수 운동에서 상당히 존경받았던 사람이지만 우리는 이들의 이름을 알지 못한다. "거액의 연보"와 관계된 일이었기 때문에 바울은 흔들림 없는 평판을 받는 사람들이 헌금을 다루어야 한다고 주장했다.[41] 이제 바울은 예루살렘에서 이 헌금이 받아들여지기를 바랐다. 어찌 이런 무상의 관대한 행위가 야고보와 더 보수적인 유다인들에게 그의 이교도 개종자들이 진정으로 하나님의 성령을 받았음을 설득하지 않을 수 있겠는가? 고린도전서에 포함되어 있으나 사실은 아가야의 모든 에클레시아에게 말하고 있는 또 다른 서신에서[42], 바울은 헌금을 그리스도의 몸의 현시로 묘사하면서 구성원들이 서로 지원하고 예수 운동 전체를 통합하는 방법으로 그렸다. 수년간의 비통한 분쟁 이후에 찾아온 이 통합은 하나님의 선물이었다. 그리고 에비오님에게 보내는 그들의 헌금은 성전에서 이루어지는 어떤 헌금과도 동일한 희생으로서 하나님에게 돌아갈 것이었다.

---

40 Georgi, *Remembering the Poor*, 71-72.
41 고린도후서 8:20.
42 고린도후서 9:1-15.

바울은 이제 헌금이 하나님 왕국의 도래를 앞당기리라 확신했고 그래서 가능한 한 빨리 전달되어야 한다고 결정했다. 이사야는 최후의 날이 되면 세계 각지의 풍부한 선물을 지닌 이교도들의 행렬이 성도로 이어질 것이라고 예언했었다. 그 선지자가 마치 야고보와 그의 에비오님 회중에게 직접 이야기하고 있는 것 같았다.

네 눈을 들어 사방을 보라
무리가 다 모여 네게로 오느니라……
그 때에 네가 보고 기쁜 빛을 내며
네 마음이 놀라고 또 화창하리니
이는 바다의 부가 네게로 돌아오며
이방 나라들의 재물이 네게로 옴이라.[43]

하지만 헌금은 예수 운동의 예루살렘 리더십에 대한 답례가 아니었다. 그리고 가장 번성하는 공동체가 그 우월성을 분명히 하기 위해 "가난한 자들"에게 도움의 손길을 내미는 후원 임명의 행위도 아니었다. 그런 식의 구별은 메시아의 공동체에서 설 자리가 없었다. 바울은 고린도인들에

---

43 이사야 60:4-5.

게 강조하면서 주장했다. 다만 "균등하게('이소테스isotes') 하려 함이니, 이제 너희의 넉넉한 것으로 그들의 부족한 것을 보충함은 후에 그들의 넉넉한 것으로 너희의 부족한 것을 보충하여 균등하게 하려 함이라."[44] 바울은 이전의 서신들에 이소테스라는 단어를 쓴 적이 없었으나, 이 평등주의 정신은 그의 사역 전체에 녹아 있었다. 그리스도의 백성은 모든 것들을 함께 가지면서 동등한 사람들의 공동체 안에서 나눔과 호혜주의를 기반으로 한 대안 경제를 보여주었다.

바울은 그리스에서 55-56년 겨울을 보냈다. 이제 그는 동부 지방에서의 자신의 사역은 완성되었다고 확신했다. 이것은 이례적인 가정이었다. 그가 어떻게 앞으로 몇 년 안에 자신이 지구적 종교의 기반을 놓을 것이라고 상상했겠는가? 바울은 어리석지 않았다. 우리는 그가 예루살렘으로 가는 사절단과 관련된 고난들을 빈틈없이 인지한 상태에서 이 사절단에 대해 심각하게 우려했다는 것을 볼 수 있다. 하지만 물론, 그가 완전히 실제적인 조건들만 생각했

---

44 고린도후서 8:13-14. 13 이는 다른 사람들은 평안하게 하고 너희는 곤고하게 하려는 것이 아니요 균등하게 하려 함이니 14 이제 너희의 넉넉한 것으로 그들의 부족한 것을 보충함은 후에 그들의 넉넉한 것으로 너희의 부족한 것을 보충하여 균등하게 하려 함이라 [15 기록된 것 같이 많이 거둔 자도 남지 아니하였고 적게 거둔 자도 모자라지 아니하였느니라; (출애굽기 16:16-21. 고린도후서 8-9장은 헌금 모금을 위해 작성된 일종의 행정 서신이다. 출애굽기 16:18의 만나의 축복을 예로 언급하고 있다)_옮긴이]

었던 것은 아니었다. 그는 갑작스럽게 찾아온 평화와 헌금 그 자체에 대한 하나님의 개입을 확신했다. 아마도 이런 믿음이 그의 파멸의 이유였을 것이다. 바울은 이사야의 예언대로 "땅 끝까지" 복음이 전해져야 함을 확신하면서 이제 스페인을 향해 서쪽으로 향했다. 그곳은 세상을 둘러싼 바다의 끄트머리에 헤라클레스의 기둥이 서 있는 곳이었다. 바울은 그해 겨울, 제국의 수도에 있는 예수의 추종자 공동체에 서신을 썼다. 그는 자신의 사역이 새롭게 펼쳐지는 이 장에서 로마가 유럽으로 나가는 교두보가 되었으면 하는 목적을 품고 있었다.

로마인들에게 보내는 바울의 서신은 그의 걸작이자 바울 신학의 총괄로 여겨진다. 하지만 이 서신 역시 그의 다른 서신들처럼 교리보다는 사회적 의무에 관한 것이다. 한편으로는 바울이 결코 만난 적 없었던 회중에게 썼다는 점에서 다른 서신 교환들과 다르다.[45] 우리는 예수 운동이 누구를 통해 로마에 전해졌는지 알지 못한다. 그곳의 회중이 베드로에 의해 세워졌다는 기존의 믿음을 증명하는 역사적 증거는 없다. 루터 이래로 이 서신은 바울의 획기적인 의인義認 독트린의 결정적인 선언으로 읽혀 왔다. 하지만 최근

---

45 로마서 1:10.

학계는 루터의 해석이 바울의 사상과 전혀 일치하지 않는다고 주장한다. 또한 이 논점이 바울 사상의 핵심과 거리가 멀며 오직 갈라디아인들과 로마인들에게 보내는 서신에서 "이교도 개종자들이 이스라엘이 받은 약속들에 대한 완전한 상속인으로서 갖는 권리를 방어할 구체적이고 제한된 목적"으로만 언급되고 있다는 것을 보여줬다.[46] 또한 학계는 바울의 반대자들이 유대인이거나 "유대화되고 있는" 유대-기독교인들이었다는 통설에 대해서도 물러서고 있다.[47] 우리는 앞서, 바울이 "이 세상 통치자들"을 정치 종교적으로 비판하는 데서 그치지 않고 더 넓은 관심사를 가졌던 것을 살펴보았다. 특히 "이 세상 통치자들"에 대한 비판은 바울이 제국의 수도에 있는 메시아의 추종자들에게 보내는 서신에서 통렬하게 드러냈던 논점이다.

여느 때와 마찬가지로 바울은 자신을 소개하고 서신을 받을 사람들에게 인사를 전하면서 글을 시작한다. 하지만 이번에는 고대인들이 "세련된 문체"라고 불렀던 방식으로 서술했다. 그의 어조는 대사처럼 장대했으며 자신을 다윗 가문의 정통 자손이며 보편적인 임무를 띤 예수의 사절로

---

46 Stendhal, *Paul*, 2.

47 Stanley K. Stowers, *A Rereading of Romans: Justice, Jews, and Gentiles* (New Haven, CT, and London: Yale University Press, 1994), 21-33.

서 소개했다. 로마에서 그의 서신을 들었던 청자들은 그가 현재 우리에게도 친숙한 용어, 즉 제국의 공식적인 신학에서 두드러진 용어를 사용하고 있음을 즉시 알아차렸을 것이다.

이 복음은 하나님이 선지자들을 통하여 그의 아들에 관하여 성경에 미리 약속하신 것이라 그의 아들에 관하여 말하면 육신으로는 다윗의 혈통에서 나셨고 성결의 영으로는 죽은 자들 가운데서 부활하사 능력으로 하나님의 아들로 선포되셨으니 곧 우리 주 예수 그리스도시니라. 그로 말미암아 우리가 은혜와 사도의 직분을 받아 그의 이름을 위하여 모든 이방인 중에서 믿어[피스티스] 순종하게 하나니.[48]

제국의 공식적인 신학에서 "하나님의 아들"이나 "주"라는 칭호는 보통 황제에게 적용되며 "복음"이라는 단어는 황제의 업적을 가리키는 말이었다. 이런 용어들을 사용해서 예수를 말함으로써 바울은 로마 공동체들에게 그들의 충성을 우주의 진정한 통치자에게 바치라고 넌지시 권하고 있다. 구성원들은 십자가에 매달린 메시아를 하나님이 회

---

48 로마서 1:2-5.

복시켰을 때 근본적인 변화가 일어났다는 것을 인정한다는 점에서 당국에 알려지지 않은 바울의 공모자들이 될 것이었다.[49]

바울이 "모든 이방인을 피스티스로" 이끄는 사도의 사역에 대해 말했을 때 그가 말하려고 했던 것은 물론 "신앙"이 아닌 "신실함"이었다. 제국의 공식적인 신학에서 가이사는 로마의 피스티스, 즉 조약의 의무와 법치에 대한 로마의 신실함과 정의, 신념, 정직, 공정에 대한 로마의 신념을 대표했다. 이 용어는 주화와 비문에 자주 등장했다.[50] 하지만 이 피스티스라는 단어가 일반 대중들에게 적용되었을 때는 단순히 신민들이 황제에게 지고 있는 충성심을 의미했다. 바울은 이전의 서신들에서와 마찬가지로 이러한 공식을 전복시켰다. 그의 "복음"은 "모든 믿는 자에게 구원을 주시는 하나님의 능력이 됨이라, 먼저는 유대인에게요 그리고 헬라인에게로다. 복음에는 하나님의 의('디카이오수네 dikaiosune')가 나타나서 믿음으로 믿음에 이르게" 한다고 선언했다.[51]

그런 뒤 바울은 온 세상에 하나님이 현존함을 인정하지

---

49 Dewey et al., trans., *Authentic Letters*, 101-102.
50 Georgi, *Theocracy*, 84.
51 로마서 1:16-17.

않으려 하고 아무것도 신성한 것이 없다는 듯 행동하는 사람들의 "불경과 불의"를 매섭게 비판하기 시작했다.[52] 그는 그들의 우상 숭배와 수치스러운 성적 관행들, "부정과 부패와 탐욕과 악독"을 혹독하게 비난했다. 그들은 하나님이 아닌 스스로를 세상의 중심으로 여기는 만성적 자기 중심주의에 빠져 있었고, 이 때문에 "시기, 사기, 공명심, 교만, 능욕"의 죄를 저질렀다. 이런 식의 비난은 비유대인 세상의 악들에 대한 유대교의 대표적인 비난으로 종종 해석된다. 실로 바울은 은연중에 이런 식의 수사학이 회당에서 일반적인 일이었음을 인정했다. 하지만 유대인들만이 그 시대의 악에 대해 비난을 가했던 것은 아니었다. 모든 종파의 로마 작가들과 정치인들은 로마 문명이 쇠퇴하고 있으며 그들의 시대가 "신이 없는 시대"임을 수긍하고 있었다.[53] 호라티우스는 이렇게 한탄했다. "부패해 가는 시대에 무엇이 쇠퇴하지 않으랴? 우리의 조부들은 그들보다 열등한 상속자들을 갖게 되었다. 우리는 더욱 퇴보해왔고 이제 곧 더욱 부정한 자손들을 낳으리라."[54] 새로운 황제가 즉위할 때마다 마치 이번에야말로 이 풍토병적인 부도덕이 엎어질 수 있을지도

---

52 로마서 1:18-32.

53 Virgil, *Eclogues*, Georgics I, 468.

54 Horace, Odes, book 3, 6:45-48, translated in Stowers, *Rereading of Romans*.

모른다고 제국 전체에 희망을 불러일으킨 것은 바로 이러한 두려움이었다.[55]

　바울은 이렇듯 더욱 넓은 맥락에서 그 시대의 악을 비판하고 있었다. 그가 "능욕하는 자요 교만한 자요 자랑하는 자"들과 "시기, 살인, 분쟁, 사기, 악독이 가득한 자요, 수군수군하는 자요, 비방하는 자"라고 말할 때, 이는 유대의 특출한 사도들을 염두에 뒀던 것일지도 모른다.[56] 그는 또한 근래의 성적인 도착을 호되게 비판하면서 황실을 생각하고 있었을 것이다. 궁정의 성도착과 궁정 여성들의 사악한 음모에 대한 소문이 퍼져 있었던 것이다. 글라우디오가 자신의 아내에게 살해당하지 않았던가? "신성한 인간", 로마 피스티스의 보호자들이자 로마법의 옹호자들인 가이사들조차 이 만연한 부패에서 예외가 아니었다. 유대인들과 이교도들이 모두 사회를 지배하고 하나님의 의지를 드러내는 법에 대한 믿음을 표명했으나 여전히 예외 없이 모두가 그것을 위반하고 있었다. 이런 가차 없는 디아트리베에는 법의 역할에 대한 바울의 생각이 녹아 있었다. 갈라디아인들에게 보내는 그의 서신 안에서처럼 그는 토라뿐 아니라 법 일반을 고려하고 있었다. 법률은 그것이 제시하는 약속들

---

55 Stowers, *Rereading of Romans*, 122-24.
56 로마서 1:29-30.

과 달리 인류를 해로운 사회적 불의, 즉 계급, 인종, 사회적 구분, 그리고 도덕적이고 정치적인 혼란에서 구하지 못했다.[57]

그러고 나서 바울은 수사학적인 문구를 사용하여 로마 회중 내 가상의 유대 청자에게 초점을 맞춰 말했다. 이들은 바울이 제시한 죄의 목록을 들어봤을 것이며, 이것이 이교도 세상에 대한 유대교의 일반적인 비판의 하나라고 생각하면서 자신이 옳다는 자부심으로 한껏 고조되고 있었을 것이다. 바울은 이러한 기미를 잘라버렸다. "그러므로 남을 판단하는 사람아, 누구를 막론하고 네가 핑계하지 못할 것은 남을 판단하는 것으로 네가 너를 정죄함이니 판단하는 네가 같은 일을 행함이니라."[58]

유대인이나 이교도 중 누구라도 진정 바울이 방금 나열했던 죄악 모두에서, 또는 하나만이라도 자유롭다고 주장할 수 있겠는가? "율법이 있고 범죄한 자는 율법으로 말미암아 심판을 받으리라."[59] 하나님은 차별을 두지 않았다. 바울은 유대인이든 이교도든 누구라도 다른 사람들보다 우월함을 주장하는 사람들은 하나님의 구상을 놓치고 있다

---

57 Georgi, *Theocracy*, 91–92.
58 로마서 2:1.
59 로마서 2:11-12.

고 주장했다. 하나님은 유대인이나 그리스인이나, 모두에게 매한가지인 하나님이기 때문이었다.[60] 유대인 청자들을 염두에 두고 보내는 이 서신의 수사학적인 호소에서, 바울은 유대교의 배외주의를 특혜와 지위에 의존하는 사례로 제시했다.[61] "모든 사람이 죄를 범하였으매…… 그런즉 자랑할 데가 어디냐 있을 수가 없느니라."[62] 에클레시아의 비유대인 구성원인 이교도들을 함부로 재단하는 유대인들, 유대인을 열등한 신민 민족으로 간주하는 로마 시민들, 혹은 자신들의 상속 지위가 대중들 위에 군림할 자격을 준다고 믿는 귀족 엘리트의 일원들, 그 모두가 하나님이 이 시대를 끝내기 위해 개입할 때는 하나님의 판결을 받게 될 것이었다.

바울이 갈라디아인들에게 보내는 서신에서 주장했듯이 율법은 사람들을 계급, 민족, 성별, 혜택받은 소수와 억압받는 나머지로 갈라놓았기 때문에 유대인들은 그리스인들보다 지위가 높다고 느꼈다. 그 반대의 경우도 마찬가지였다. 로마인들은 야만인들에 대해서, 자유민은 노예들에 대해서, 남성들은 여성들에 대해서 우월하게 타고났다고 느꼈다. 바울이 "율법"이라고 불렀던 것은 하나님의 의지뿐 아

---

60 로마서 3:29-30.
61 Horsley and Silberman, *The Message and the Kingdom*, 188-89; Dewey et al., trans., *Authentic Gospel*, 206-207; Georgi, *Theocracy*, 89-90.
62 로마서 3:23-27.

니라 사회의 집단 의지를 반영했다. 그리고 이는 개인들에게 그들의 약점과 나약함을 정확히 인식하게 했으며, 조리돌림에 대한 두려움을 기준으로 삼아 개인적인 명예와 혐오를 추구하게 하는 것이었다.[63] "율법으로는 죄를 깨달"을 뿐이라고 바울은 설명했다.[64] 자신의 죄에 대해 말할 때면 그는 항상 자신이 예수 추종자들을 박해했던 일을 되새겼다. 개종 당시 그는 "내가 원하는 바 선은 행하지 아니하"였음을 불현듯 깨달았다. 그가 열렬하게 율법에 복종했던 일은 메시아의 재림을 앞당기는 것이 아니라 실제로 그것을 방해하는 일이었다. 그 원인은 율법 자체가 아니라 "내 속에 들어 있는 죄"였다.[65]

바울은 루터의 생각처럼 자신이 율법을 지키지 못했음을 불평하는 것이 아니었다. 바울에게 있어서 그로 하여금 메시아의 공동체를 박해하게 했던 "죄"는, 그 자신의 욕구를 내세우고 다른 사람들을 희생하여 지위를 높이려는 자기 중심주의였다. 그는 율법을 자기 자신과 자기가 속한 집단의 명예를 얻는 수단으로 변형했던 것이다.[66] 이런 식으

---

63 로마서 7:7-25.

64 로마서 3:20.

65 로마서 7:18-20.

66 Robert Jewett, "Romans," in James D. G. Dunn, ed., *The Cambridge Companion to St. Paul*(Cambridge and New York: Cambridge University

로 특권과 구별을 추구하는 일은 신적인 지위를 갈망함으로써 율법의 본질을 부정하는 것이었다.

바울은 이런 식의 배외주의의 위험성을 사역 도중에 거듭해서 보아 왔다. 특히 이는 안디옥에서 재앙적으로 드러났었다. "야고보의 사절단"으로 인해 잘못된 우월감을 갖게 된 그의 유대 동료들이 이교도 형제자매들과 함께하는 식탁 교제에서 물러났을 때 말이다. 그 비슷한 일이 갈라디아 개종자들로 하여금 "온전한" 유대인들에 대해 열등감을 갖게 했다. 고린도에서는 "신령한 자들"과 특출한 사도들 모두가 거짓 위신을 추구했었다. 바울은 경험을 통해 이것이 얼마나 유혹적인지를 알고 있었다. 그래서 그는 "죄"를 없애는 최상의 방편은 모두가 동등한 상호 지원적인 공동체에서 수많은 실질적인 방식으로 요구되는 일상의 케노시스에 있다고 주장했다.

바울은 고린도인들과의 서신 교환에서 이 "죄악의" 행동을 "자랑"('칸추스타이kanchusthai')으로 불렀다. 토라가 자신들에게 이교도들에 대해 확고부동한 우위를 주었다고 믿는 가식적인 유대인에 대해 언급하면서 바울은 다음과 같이 말했다.

Press, 2003), 97.

유대인이라 불리는 네가 율법을 의지하며 하나님을 자랑하며 율법의 교훈을 받아 하나님의 뜻을 알고 지극히 선한 것을 분간하며 맹인의 길을 인도하는 자요 어둠에 있는 자의 빛이요 율법에 있는 지식과 진리의 모본을 가진 자로서 어리석은 자의 교사요 어린 아이의 선생이라고 스스로 믿으니[67]

하지만 아주 사소한 비행으로도 로마법에 따라 유죄를 받고, 명예가 실추되고, 처형된 사람을 대할 때면 로마의 비유대인들 역시 똑같이 자신이 정당함을 느꼈다. 이 "자랑"의 기질은 "율법이 하는 일", 즉 사회적 차별, 공격적인 경쟁, 탐욕, 분쟁, 불화를 낳았다.[68]

아담이 자기중심적인 확신을 품고 자신의 한계를 받아들이지 않으려 하면서 세상에 죄가 들어왔다. 뱀의 제안을 받고 그는 "신(god)과 같이" 되고자 하는 열망을 품었고, 세상에 고통을 가져왔다.[69] 바울은 빌립보인들에게 서신을 보내면서, 가이사와 달리 메시아는 굳이 "하나님과 동등됨을 취할 것으로 여기지 아니하시고"(빌립보서 2:6_옮긴이) 공명심, 배외주의, 자기도취 같은 것들을 "스스로 비우고" 아

---

67 로마서 2:17-20.
68 Georgi, *Theocracy*, 92-93; Josiah Royce, *The Problem of Christianity* (New York: Macmillan, 1913), 107-59.
69 창세기 3:5.

무엇도 아닌 것이 되었고 이런 메시아와 함께 새로운 인류가 생겨났음을 알렸다. 특권이 주는 보호막을 내려놓음으로써 예수는 "십자가의 죽음조차" 받아들였던 것이다. 바울이 갈라디아인들에게 보여준 메시아는 자발적으로 자신을 율법의 저주 아래 놓았으며, 이를 통해 어떤 이들은 내리고 어떤 이들은 올리는 법 체제에서 쫓겨난 이들과 연대했다. 고린도인들에게는 모든 신실한 사람들이 그리스도의 몸을 이룬다는 것을 근거로, 구원의 집단적이며 참여적인 본질에 대해 설교했다. 이제 로마 회중을 향해서 바울은, 놀랍게도 예수를 법을 어긴 반역자들과 함께한 왕으로 제시하였다.

우리가 아직 연약할 때에 기약대로 그리스도께서 경건하지 않은 자를 위하여 죽으셨도다. 의인을 위하여 죽는 자가 쉽지 않고 선인을 위하여 용감히 죽는 자가 혹 있거니와 우리가 아직 죄인 되었을 때에 그리스도께서 우리를 위하여 죽으심으로 하나님께서 우리에 대한 자기의 사랑을 확증하셨느니라.[70]

제국적 칭호인 "하나님의 아들"이 진정으로 어울리는 그

---

70 로마서 5:7-8; Dewey et al., trans., *Authentic Letters*, 208; Georgi, *Theocracy*, 96-99.

리스도는 정치계에 만연해 있던 기준들을 거꾸로 뒤엎었다. 그는 자기 자신을 '프리무스 인테르 파레스primus inter pares'("동등한 자들 중 첫째")라고 불렀던 가이사와 정면으로 대비되었다. 하나님이 예수를 회복시키면서 신민들이 주인들에게 바치는 강제적인 충성을 뜻하는 피스티스의 일방적인 개념은 막을 내렸다. 키리오스 예수는 특권을 가진 자들이 아닌 약자들을 감싸 안았고 소외와 강제가 아닌 평등을 기반으로 한 연대를 포용했다. 그러므로 메시아의 추종자들은 "다시 무서워하는 종의 영"이 아니라 "하나님의 자녀들의 영광의 자유"를 가져다주는 성령 덕분에 통치로부터 해방되었다.[71] 하지만 바울은 로마인들에게 자신들이 이미 완벽한 인간이 되었음을 믿었던 고린도의 "신령한 자들"의 잘못에 대해 신중하게 경고했다. 마지막 승리를 확신할지라도 인류는 그리스도의 재림이 있기 전까지 여전히 고통과 죽음에 속한 채로 남아 있는 것이다.[72]

하지만 서신이 막바지에 이르자 바울은 첫눈에도 그전에 말했던 모든 내용과 모순되어 보이는 내용을 덧붙인다. 대담하게 제국에 반대했던 바울은 이제 이렇게 주장하고 있다.

---

71 로마서 8:15-22.
72 로마서 8:23, 34-37.

각 사람은 위에 있는 권세들에게 복종하라 권세는 하나님으로부터 나지 않음이 없나니 모든 권세는 다 하나님께서 정하신 바라. 그러므로 권세를 거스르는 자는 하나님의 명을 거스름이니…… 네가 권세를 두려워하지 아니하려느냐. 선을 행하라 그리하면 그에게 칭찬을 받으리라. 그는 하나님의 사역자가 되어 네게 선을 베푸는 자니라…… 그러므로 복종하지 아니할 수 없으니[73]

이 구절은 바울의 전체적인 메시지와 너무도 노골적으로 대립되기 때문에 몇몇 학자들은 이것이 후에 첨가된 것이라고 믿는다.[74] 또 다른 학자들은 이것이 진짜 바울의 서신이라는 주장을 받아들였다. 그러나 제국의 세상을 심판하기 위해 그리스도가 곧 돌아올 것이고 확신했던 바울의 입장을 문맥적으로 고려해야 한다고 주장한다. 그리스도가 돌아올 때까지 로마의 지배는 하나님의 의지였다. 하지만 현재 상태에 대한 하나님의 지지는 단지 일시적일 뿐이며 그리스도가 그들을 왕좌에서 끌어내릴 때 폐기될 것이었다.[75]

---

73 로마서 13:1-7.

74 Dewey et al., trans., *Authentic Letters*, 253.

75 Horsley and Silberman, *The Message and the Kingdom*, 191.

바울은 선동가였던 적이 결코 없었다. 그는 데살로니가 인들에게 조용히 살면서 자신의 직업에 종사하라고 말했 다. 당국이 메시아의 추종자들을 대거 억압하는 어떤 일도 일어나서는 안 되었다. 하나님의 왕국이 오는 것을 지체할 수 있었기 때문이다. 로마에서는 예수 운동의 몇몇 구성원 들이 글라우디오에게 추방당했으며, 이에 대한 기억이 아 직도 생생했다. 바울은 로마 에클레시아가 서쪽에서의 자 신의 사역을 지원해주기를 기대했지만, 그 에클레시아를 위험에 빠뜨리고 싶지는 않았다.[76] 또 다른 사람들은 이 구 절에서 바울이 제국이 설립되기 전의 로마 공화국으로 거 슬러 올라가는 유대 전통의 일부를 인용하고 있다고 지적 한다. 이제 와서 이 쓸모 없어진 법규 일부를 의도적으로 인용함으로써 바울은 그것을 비판적인 어조로 다루며 암 시적으로 권력 분산화를 촉구하고 있으며 국가를 가이사 와 뗄 수 없는 존재로 규정하고 있는 이념을 깎아내리고 있 다는 것이다.[77]

하지만 바울이 그 구절 직후 이어지는 대목에서 윤리적 인 행동뿐 아니라 정치적인 행동 역시 아가페라는 최우선

---

76 Neil Elliott, "Romans 13:1-7 in the Context of Imperial Propaganda," in Horsley, ed., *Paul and Empire*; Elliott, "Paul and the Politics of Empire," in Horsley, ed., *Paul and Politics*.

77 Georgi, *Theocracy*, 102.

의 계명에 따라야 한다고 주장한 것은 분명 중요하다. "네 이웃을 네 자신과 같이 사랑하라." "사랑은 이웃에게 악을 행하지 아니하나니 그러므로 사랑은 율법의 완성이니라."[78] 이 명을 해석하며 예수는 그의 제자들에게, 하나님이 악인에게나 선인에게나 똑같이 해를 주시고 의로운 자에게나 불의한 자에게나 똑같이 비를 내리시는 것과 마찬가지로 그들이 원수와 박해하는 자들조차도 사랑해야 한다고 가르쳤다.[79] 항상 그렇듯이 바울의 가르침에서 나타나는 "통합"과 "연대"는 표어와도 같았다. 정치적 증오, 그리고 그와 함께 일어나는 올바름에 대한 우월감은 메시아의 공동체에 존재해서는 안 되었다.

그리고 계속해서 바울은 로마인들에게, 고린도인들에게 그랬던 것처럼 "강한 자들"은 "약한 자들"의 양심을 손상해서는 안 된다고 주장했다. 그는 이미 회중의 유대 구성원들에게 이교도들을 경시하는 그들의 뿌리 깊은 경향을 경고했다. 그러나 로마 공동체에서는 이교도 구성원들이 유대인들에 대한 배외주의를 발달시켜왔던 것으로 보인다. 그들은 유대인들이 메시아를 부정하고 있으며, 이미 회복할

---

78 레위기 19:18, 로마서 13:9-10.
79 마태복음 5:43-44.

수 없을 정도로 하나님의 총애를 잃었다고 주장했다.[80] 이 때문에 바울이 이 서신의 9장에서 11장에 걸쳐 그의 동족을 자신과 동일시하며 유대 민족을 열렬하게 방어했던 것일 수 있다. 그는 그들의 곤경이 "큰 슬픔"이며 "마음으로 끊임없이 번민하고" 있다고 말했다.

> 나의 형제 곧 골육의 친척을 위하여 내 자신이 저주를 받아 그리스도에게서 끊어질지라도 원하는 바로라. 그들은 이스라엘 사람이라. 그들에게는 양자 됨과 영광과 언약들과 율법을 세우신 것과 예배와 약속들이 있고 조상들도 그들의 것이요 육신으로 하면 그리스도가 그들에게서 나셨으니 그는 만물 위에 계셔서 세세에 찬양을 받으실 하나님이시니라.[81]

바울은 하나님이 그의 동족을 영원히 거부하리라고 믿을 수 없었다. 하지만 그는 하나님의 거부가 단지 그들이 메시아를 부정하여 구원이 이교도들에게도 왔음을 부정하는 것, 즉 "잘못된 길"을 밟았기 때문임을 지적했다. 그는 하나님에게 비밀스러운 계획이 있다고 확신했다. 이스라엘

---

80 Mark D. Nanos, *The Mystery of Romans: The Jewish Context of Paul's Letter* (Minneapolis, MN: Fortress Press, 1996), 10 passim.
81 로마서 9:2-5.

이 명백하게 보이고 있는 완고함은 "이방인의 충만한 수가 들어오기까지 이스라엘의 더러는 우둔하게 된 것"이었다.[82]

하지만 그동안 에클레시아의 이교도 구성원들은 여전히 토라의 음식 규제를 지키는 유대 구성원들을 얕잡아 보아서는 안 되었다. 공동체 내의 로마 시민들은 계속해서 유대인을 선천적인 신민 종족으로 보고 그들의 고대 관습을 야만적으로 여겼던 것으로 보인다. 우리가 알다시피 바울은 더 이상 그러한 관행이 본질적인 것이 아니며, 메시아의 가족 안에 있는 모두는 하나님의 종이기 때문에 사랑의 율법이 그 모든 배외주의를 막을 것이라고 믿었다. "그런즉 우리가 다시는 서로 비판하지 말고 도리어 부딪칠 것이나 거칠 것을 형제 앞에 두지 아니하도록 주의하라…… 만일 음식으로 말미암아 네 형제가 근심하게 되면 이는 네가 사랑으로 행하지 아니함이라."[83]

바울은 그의 인생에서 수년간을 경전들이 예언했던 대로 이교도들을 하나님에게로 데려오는 데 바쳤다. 그는 이제 로마인들과 서쪽 사역에 대한 계획을 공유했고, 그들에게 자신이 스페인에 가는 길에 들르기를 원한다고 말했다. 이것은 그에게 메시아의 공동체 안에서 유대인들과 이교도

---

82 로마서 11:11, 25.
83 로마서 14:13-15.

들의 통합을 강조하며, 헌금 문제에 대해 논의할 기회를 주었다.

이는 마게도냐와 아가야 사람들이 예루살렘 성도 중 가난한 자들을 위하여 기쁘게 얼마를 연보하였음이라. 저희가 기뻐서 하였거니와 또한 저희는 그들에게 빚진 자니 만일 이방인들이 그들의 영적인 것을 나눠 가졌으면 육적인 것으로 그들을 섬기는 것이 마땅하니라.[84]

수년 전 예루살렘에서 바울은 교회의 기둥들에게 "가난한 자들을 기억할" 것이며 성도로 돌아오는 예수를 맞이하기 위해 준비하는 그들의 종말론적 사역을 지지하겠다는 약속을 했었다. 하지만 그는 이교도들 사이에서 오랜 사역을 거친 끝에, 더 이상 예루살렘 회중이 자신을 예외적인 공동체로 평가하는 것을 거부했다. 그는 이제 로마로 보내는 헌금을 그의 이교도 공동체들이 먼저 시작한 것이며, 상호 간의 교환이 이루어지는 것으로 묘사했다.

바울은 업무 차 로마에 가는, 고린도의 동부 항구인 겐그레아 에클레시아의 지도자인 뵈뵈에게 자신의 서신을 부

---

84 로마서 15:26-27.

탁했던 것으로 보인다.[85] 그러고 나서 그는 헌신을 다해 예루살렘으로 가는 장대한 사절단을 꾸렸고, 그들이 56년 봄에 떠날 준비가 되어 있음을 확실히 했다. 목표는 성전에서 열리는 오순절 기념에 맞춰 성도에 제때 도착하는 것이었다. 바울은 복합적인 감정을 느꼈다. 그러나 한편으로는 사절단의 파견이 성공적이리라 확신했다. 안디옥에 있었던 분쟁 이후 자신과 야고보 사이에 긴장감이 감돌긴 했지만, 그는 예루살렘 공동체가 그의 이교도 개종자들의 소박한 선의를 거부할 것이라고는 생각하지 않았다. 그의 민회는 많은 어려움을 헤쳐 왔고 바울은 그들이 이제 그들만의 비중을 가지게 되었다고 믿었다. 큰 사절단이 될 것이었다. 누가의 말에 따르면, 그 수가 너무 많아서 사절단들이 함께 여행하고 묵는 것이 불가능했다.[86] 그것은 디아스포라에서 얻은 예수 운동의 세력을 보여주는 것으로, 분명 바울의 사역 결과였다. 그의 개종자들은 더는 개인적인 성취를 추구하는 데 방종하게 몰두하지 않았다. 그들은 자신들이 세계

---

85 그럼에도 불구하고 학자들은 예수 운동의 선각자들의 추천으로 구성된 로마서의 마지막 장에 대해서는 의견이 나뉜다. 일부는 바울이 로마 에클레시아의 회원들을 환영하고 있다고 믿지만 다른 이들은 이 장은 처음부터 에베소의 회중들에게 보내는 서신 일부라고 믿는다. 예를 들면, 브리스가와 아굴라를 언급하고 있는데 이들은 바울과 함께 에베소에서 정착한 것으로 보인다. 그러나 다른 이들은 바울의 투옥 이후 그들이 로마로 돌아갔다고 주장하고 있다. (로마서 16:3-4_옮긴이)
86 사도행전 20:5-6, 13-16; Georgi, *Remembering the Poor*, 123.

적인 공동체를 형성했다는 사실을 어느 때보다 더 잘 인식했다. 헌금은 그들이 동등한 위치에서 예루살렘의 "가난한 자들"과 함께 하나님 왕국의 도래를 위해 일하겠다는 헌신의 표현이었다.[87]

하지만 또 한편으로 바울은 걱정이 있었고, "너희 기도에 나와 힘을 같이하여 나를 위하여 하나님께 빌어 나로 유대에서 순종하지 아니하는 자들로부터 건짐을 받게 하고 또 예루살렘에 대하여 내가 섬기는 일을 성도들이 받을 만하게" 해 달라고 로마 회중에게 알렸다.[88] 그는 거대한 이방인들의 행렬이 선물을 들고 시온 성도로 들어가는 장관이 유대교 신자들에게 이사야가 보았던 성도로 향하는 종말 순례의 환영을 떠올리게 할 것임을 알았다. "바다의 부가 네게로 돌아오며 이방 나라들의 재물이 네게로 옴이라."[89] 로마인들에게 보내는 서신에서 바울은 훗날 이교도들이 이스라엘의 하나님에게로 개종하는 것을 축하하는 이사야의 구절을 인용했다. "좋은 소식을 전하며 평화를 공포하며 복된 좋은 소식을 가져오며 구원을 공포하며 시온을 향하여 이르기를 네 하나님이 통치하신다 하는 자의

---

87 Georgi, *Remembering the Poor*, 117-18.
88 로마서 15:30-31.
89 이사야 60:5.

산을 넘는 발이 어찌 그리 아름다운가."⁹⁰ 하지만 그는 이 신탁이 예루살렘에게 여호와가 했던 약속과 함께 시작되었던 것도 알고 있었다. "거룩한 성 예루살렘이여 네 아름다운 옷을 입을지어다. 이제부터 할례 받지 아니한 자와 부정한 자가 다시는 네게로 들어옴이 없을 것임이라."⁹¹ 그래도 그는 할례를 받지 않고 토라를 지키지 않는 한 무리의 비유대인들을, 유대력의 가장 성스러운 날 중에, 이 성스러운 도시에 들일 것이었다.

바울은 예언된 종말론의 시나리오를 자신이 완전히 뒤엎고 있음을 정확하게 알고 있었다.⁹² 그가 예루살렘 회의의 막판에 교회의 기둥들에게 "가난한 자들을 기억하겠다"고 약속했을 때, 그는 베드로가 유대인들에게 가진 사역과 똑같이 자신의 이교도 사역을 승인받은 것이었다. 하지만 이제 바울은 그것이 유대인들에 대한 사역보다 '더' 중요하다고 확신했다. 바울은 로마인들에게 보내는 서신에서 그 공동체의 비유대인 구성원들에게 자신이 이교도들에게 복음을 전하는 사역을 받은 것이 자랑스럽다고 썼다. "내가 이방인인 너희에게 말하노라. 내가 이방인의 사도인 만

---

90 이사야 52:7, 로마서 10:15.
91 이사야 52:1.
92 Georgi, *Remembering the Poor*, 167-68.

큼 내 직분을 영광스럽게 여기노니, 이는 혹 내 골육을 아무쪼록 시기하게 하여 그들 중에서 얼마를 구원하려 함이라."[93] 그가 예루살렘에 가지고 가는 "전언"들은 선지자들이 예언했던 것처럼 흩어진 유대 공동체들을 시온으로 이끄는 것이 아니었다. 또한 이 이교도들이 유대 율법을 따라 시온에서 살 것도 아니었다. 그들은 다시 제각각 흩어져서 전 세계에 복음을 전할 것이었다. 예루살렘은 더는 예수 운동의 중심이 아니었다. 그리고 바울의 이교도 개종자들은 이사야의 예언처럼 온순하게 성전에 바칠 선물을 가지고 온 것이 아니라, 자기를 "가난한 자들"이라고 부르는 취약한 유대교 종파에 보내는 헌금을 가지고 온 것이었다. 바울은 그의 사절단이 그의 동족 유대인들의 "시기심"과 분노를 불러일으킬 바로 그런 종류의 자극제임을 너무도 잘 알고 있었다. 하지만 그 모든 문제에도 불구하고 바울은 이 일을 통해 유대인들이 자신들의 잘못을 보게 될 것이라는 희망을 품었다.

누가는 그의 서술에서 헌금에 대해 일절 언급하지 않고 있다. 그리고 언제나 그렇듯이 사도행전은 신중하게 접근해야 한다(필자는 서문에서 '사도행전이 더는 역사적으로 신뢰

---

93 로마서 11:13-14. (예루살렘 바이블)

할 수 있다고 여겨지지 않는' 이유를 밝힌 바 있다_옮긴이). 하지 만 누가가 묘사하는 그 여정의 전반적인 윤곽에는 의심스 러운 점이 없다. 그는 우리에게 바울과 몇몇 사절단들이 유 월절을 빌립보에서 보냈으며 그 후 아시아 해안을 따라 항 해를 했고, 베니게를 가로질러 마침내 가이사랴 항에 도착 하여, 육로를 통해 마지막 여정을 했다고 말하고 있다. 하지 만 바울이 야고보를 만난 것은 누가가 주장하는 것처럼 마 음에서 우러나온 행동은 아니었을 것이다. 누가는 야고보 와 원로들이 새로 도착한 이들을 "기꺼이 영접"했으며 바울 은 "자기의 사역으로 말미암아 이방 가운데서 하신 일을 낱 낱이 말"했다고 묘사했다.[94] 예수 운동 내에서 바울은 악명 이 높았고 야고보와 그의 공동체가 그의 활동에 대해 보고 받을 필요는 없었을 것이다. 그리고 그들은 바울의 선물에 감동 받아 하나님을 찬양하기는커녕 아마도 바울이 그들을 이도 저도 할 수 없는 상황에 몰아넣었다고 느꼈을 것이다.[95]

헤롯 아그립바의 박해 이후, 야고보는 그의 신앙심과 토 라 준수에 대한 성실함으로 대부분의 독실한 성도 주민들 의 존경을 받았다. 그렇게 그는 예루살렘에서 예수 운동의 입지를 확보했다. 하지만 아브라함의 약속을 상속받았다고

---

94 사도행전 21:17-19.
95 Georgi, *Remembering the Poor*, 125-26.

주장하는 이 거대한 이방인 집단이 도달하는 것은 주류 유대인들에게 선동적으로 받아들여질 수 있었으며, 에비오님이 아마도 그 불쾌감을 짊어지게 될 것이었다. 바울이 이를 알지 못한 채 특히나 위험한 시기에 도착한 것은 상황을 더 악화시켰다. 7주 전에 "이집트인"이라고 알려진 이름 모를 선지자가 3만 명의 반대자 무리를 이끌고 사막을 가로질러 올리브 산으로 행진하면서, "예루살렘에 쳐들어가고, 로마 수비대를 제압하고, 최고 권력자를 사로잡을 준비가 되어 있다"고 했던 것이다.[96] 말할 것도 없이 로마인들은 이 봉기를 무자비하게 진압했으나 그 이집트인은 달아났고 여전히 잡히지 않고 있었다. 그래서 로마인들은 이스라엘 땅에서 여호와의 왕권을 기리고 그 땅과 생산물이 로마가 아닌 여호와에게 속해 있음을 제례적으로 상기시키는 유월절 기간에 특히 더 대비 태세를 갖추었다.

바울의 장대한 사업은 누가가 전혀 알지 못했거나 아니면 은밀하게 감춰 두기를 원할 정도로 형편없이 실패한 듯 보인다. 바울의 관점은 예루살렘에 널리 퍼져 있었다. 예수 운동을 박해하던 시절의 바울을 지원했었던 바리새파 광신도 셀롯파(zealot. 유대전쟁사의 저자인 요세푸스에 의하면 이

---

96 JW, 2:261-62. 유대전쟁사를 비롯하여 고대문헌에 나오는 숫자는 문자 그대로 받아들여서는 안 된다.

들은 바리새인, 사두개인, 에세네에 이은 유대교의 4번째 분파이다. 셀롯파는 때로 혁명 당원으로 불린다. 이들은 6년에 조직되기 시작했고, 무장 투쟁으로 성지에서 로마군을 몰아내는 것을 목표로 했다. 66-70년 벌어진 1차 유대-로마 전쟁의 주역으로 전쟁 후인 73년 소멸되었다. 열심당으로도 번역되었는데 이후에는 광신도의 의미로도 사용되고 있다. 누가복음 6:15, 사도행전 1:13에 의하면 열두 제자 중 시몬이 셀롯이었다_옮긴이) 몇몇 사람들의 눈에 바울은 여전히 배교자이자 배신자였다. 그가 데리고 온 많은 이교도 때문에 그들의 어두운 의심은 굳어졌을 것이었다. 헌금이라는 선물을 조건 없이 받아들이는 것은 야고보 자신의 위신을 실추시키는 위험한 일이었지만, 그것을 거절하는 일 또한 마찬가지였다. 그것은 바울에 대한 극도의 모욕이 될 것이며 또한 예수 운동을 돌이킬 수 없게 분열시킬 것이었다. 누가의 서술은 절충안을 보여주는 것일 수 있다. 그는 우리에게 야고보가 바울을 설득했다고 말한다. 야고보는 에클레시아의 신실한 유대 구성원들이 성전에서 수행해야 하는 일주일 동안의 정교한 정결 예식의 비용을 바울이 지불하고, 바울이 그들과 함께 셋째 날과 일곱 번째 날에 자기 자신을 정화하도록 했다는 것이다. 그렇게 하면 모든 사람이 바울은 토라의 적이 아님을 알 수 있을 것이었다.[97] 이로써 야고보는 부끄러움과 핑계거리를 가지고서 비공식적으로 헌금을 받아들일 수 있었다.

하지만 누가에 따르면, 바울이 예식을 행하러 성전 안에 들어갔을 때 폭동이 일어났다. 그리고 그는 거의 맞아 죽을 뻔했다. 로마인들은 그가 사라진 애굽인이라고 생각하고서 그를 잡아 가뒀다.[98] 누가에 따르면 바울은 그 후 가이사랴에 수감되었고, 그 사건은 로마 총독인 벨릭스와 대제사장인 아나니아 사이에서 벌어진 신랄한 논쟁의 주제가 되었다. 그리고 이들은 서로에 대한 적의 어린 세력 싸움에서 헤어 나오지 못했다. 결국, 로마 시민이었던 바울은 수도로 이송되어 제국의 법정에 섰다.

누가는 바울이 감금된 상태에서 성전의 유대교 신자들에게, 벨릭스와 그의 뒤를 이은 베스도에게, 산헤드린에게, 그리고 헤롯 아그립바 2세에게 보편적인 환호와 존경을 불어넣는 많은 연설을 하게 만들었다. 누가는 바울이 로마로 간 것을 긴장감 넘치는 모험으로 묘사했고 마침내 그가 로마에 도착했을 때는 메시아의 공동체 전체가 압비오 광장에 나와 그를 맞이했다고 적고 있다. 누가는 바울이 로마에서 2년 내내 살았으며 하나님의 왕국을 공개적으로 주장했

---

97 사도행전 21:22-25.
98 사도행전 21:28.

고 아무런 방해도 없었다는 것으로 그의 역사를 마무리하고 있다.[99] 바울이 제국의 충실한 하인임을 보여주는 것에 급급했던 누가는 진실을 말할 자신이 없었거나, 자신의 영웅에게 무슨 일이 있었는지 알지 못했을 수도 있다.

사실 바울은 효과적으로 침묵을 강요당했던 게 분명하다. 치명적인 결과를 가져온 예루살렘 방문 이후로 그가 더이상의 공동체를 세운 증거가 없다. 그가 쓴 서신이 더 있을지는 모르겠지만 오늘날까지 전해지지 않고 있다. 누구도 바울이 언제, 어떻게 죽었는지 알지 못한다. 96년경 글을 남겼던 로마의 주교 글레멘드는 제국의 수도에 바울이 투옥된 것에 대해 전혀 언급하지 않았으며 그가 스페인에서 사역을 완수했다고 주장했다. "그는 동쪽과 서쪽에서 설교하면서 그의 신앙에 대한 고귀한 명성을 얻었다. 그는 온 세상에 올바름을 가르쳤고 서쪽의 가장 먼 곳에 도달하여 왕과 통치자들 앞에 신앙고백을 하고 이 세상을 떠나 성스러운 곳으로 들어갔다."[100] 그러나 4세기 교회 역사가이자 가이사랴의 주교인 유세비우스는 64년 네로의 박해 기

---

99 사도행전 28:31.

100 St. Clement, *The First Epistle to the Corinthians*, 5:6-7, translated in Andrew Louth, ed., and Maxwell Staniforth, trans., *Early Christian Writings: The Apostolic Fathers* (Harmondsworth, UK, and New York: Penguin, 1968).

간에 로마에서 바울이 교수형을 당했고 베드로는 십자가
형에 처해졌다고 믿었다. 이 전래의 근거로 그는 "이 기록은
지금도 여전히 그곳의 묘지들이 베드로와 바울의 이름을
따서 불리고 있다는 사실로 뒷받침된다"고 주장했다. 유세
비우스는 "내 설명이 사실임이 더욱 더 확실한 것임"을 증
명하기 위해서 2세기 말의 관계자들인, 로마에 살았던 가
이우스라는 이름의 성직자와 고린도의 주교 디오니시우스,
두 사람의 말을 인용했다.[101] 하지만 유세비우스는 너무 많
이 반박하느라 오히려 자신의 증거가 반박되기 쉬우며 정
황적이라는 것을 인식하지 못했다. 사실은 아마 더 단순하
고 더 끔찍할 것이다.

존 도미닉 크로산은 예수의 제자들이 예수가 체포된 후
실제로 그에게 무슨 일이 일어났는지 알지 못한 채 갈릴리
로 피신했을 것이라고 주장했다. 복음이 주장하는 것처럼,
나사렛의 이름 없는 예언자의 운명을 결정하기 위해 주요
축일 동안 산헤드린의 특별한 야간 회의가 소집되었을 리
가 없다. 또한, 무모한 잔인함으로 인해 결국 로마로 소환된
빌라도가 그를 구하기 위해서 그런 용감한 노력을 했을 리

---

101 Eusebius, *The History of the Church from Christ to Constantine*, Andrew
    Louth, ed., and G. A. Williamson, trans.(London and New York: Penguin,
    1989), 2:25.

도 없다(빌라도는 26-36년간 재직 시에 수로의 건설 자금을 예루살렘 신전의 금고에서 유용하고 이에 항의하는 인민을 학살하는 등 횡포가 심했다. 그가 로마로 소환된 것은 36년 사마리아에서의 대학살 때문이라는 설이 있다_옮긴이). 복음이 다루는 십자가형의 이야기들은 더 슬픈 찬송가들의 내용을 인용하여 꿰맞춘 것으로, 예수의 제자들이 단서를 찾아 메시아의 운명을 예언한 내용이 있으리라 믿었던 경전을 뒤져보았음을 암시한다. 크로산은 "지금 우리가 그 상세한 수난 기사들에서 볼 수 있는 것은 '*기억된 역사*'가 아니라 '*역사화 된 예언*'이다"라고 주장한다.[102] 예수는 분명 십자가형에 처해졌다. 이는 요세푸스와 타키투스 둘 다 증언하고 있다. 하지만 십자가형은 로마 제국에서 일반적이고 평범한 일이었다. 크로산은 다음과 같이 맺고 있다. "나는 예수 같은 갈릴리 농부를 다루면서, 그렇게 유대 경비대와 로마군의 명령 체계의 상부까지 관련될 필요가 있었다고 보지 않는다. 다시 말하지만, 아마도 그가 처형 시에 당했을 우발적인 잔학 행위를 염두에 둘 만큼 우리의 상상력을 낮추는 것은 힘든 일이다."[103]

로마 감옥에 갇힌 후에, 바울 역시도 그저 사라졌을 수

---

102 Crossan *Jesus: A Revolutionary Biography*, 163. (강조는 크로산의 것)
103 전게서, 171.

있다. 우리 시대에 우리는, 강력한 정권의 방해가 되는 하찮은 파괴분자들이 얼마나 쉽게 제거될 수 있는지 보아 왔다. 바울의 죽음에 그렇게 다양한 관점들이 존재한다는 사실이 그가 로마 감옥으로 보내진 후 그저 사라졌음을, 예수처럼 "우발적인 잔학 행위"로 살해되었음을 나타낸다. 바울이 로마 감옥에서 알 수 없는, 그리고 비참하며 모욕적인 죽음을 당했을 것이라고 짐작하게 하는 수많은 가능성이 있다. 그렇다면, 우리가 생각해 볼 수 있는 것은 마지막에 그가 결국 절망에 굴복했는지 뿐이다. 그는 땅 끝에 이르지 못했고, 그리스도의 재림도 목격하지 못했다. 그의 헌금 모금은 실패했고, 그의 운동은 분열된 것으로 보였다. 그리고 자신이 만들어 낸 교회가 어떻게 그의 가르침을 해석하는지 보았다면 바울은 무엇을 느꼈을까?

바울의 사후

　　비유대인 교회들은 바울을 잃은 상심이 이루 말할 수 없이 컸다. 장대한 헌금 사업에 그렇게 많은 기대를 걸었지만 이는 비극적인 대실패로 끝이 났다. 그들은 또한 길을 잃고 표류하는 느낌도 받았을 것이다. 바울은 예루살렘과 그들의 주요 연결 고리였을 뿐만 아니라 그들 서로를 연결해주고 있기도 했었다. 이제 바울이 그렇게 중시했던 에클레시아들의 통합이 깨질 위기에 놓여 있었다. 에클레시아들은 예루살렘 회중이 자신들의 선물을 받아들인 방식을 수치스럽고 모욕적으로 느꼈을 것이다. 예루살렘과 그들의 결속은 로마에 대항한 유대 전쟁과 야고보와 그의 공동체의 신앙의 중심이었던 성전의 파괴 이후에 훨씬 더 약해졌을 것이다. 이 재앙은 유대교 자체의 변형을 불러일으켰을 것이다. 랍비들은 새로운 경전인 미쉬나와 예루살렘 탈무드, 바빌론 탈무드 등을 제작하면서 성전 종교를 경전 종교로 바꾸었다. 경전은 성전의 지위를 대체하고 신성이 깃든 곳이 되었다. 이 거대한 변형의 과정 중에, 유대교의 예수 운동은 예수의 재림이 일어나지 않자 서서히 쇠퇴해 갔다. 그리고 우리가 기독교라고 부르는 종교는 주로 비유대인들의 신앙이 되었다.

9세기 말부터 수많은 학자가 골로새인들과 에베소인들에게 보내진 서신들이 바울의 사후 그의 이름으로 쓰인 것이라고 주장해왔다. 그들은 그 서신들의 문체가 바울의 직접적이고 신랄한 문체와 다르며 바울 이후 시기를 반영하고 있다는 점에 주목했다. 이 서신들에는 비유대인들을 민회에 받아들이는 것에 대한 고뇌 어린 논의가 더 이상 나타나지 않는다. 또한 개별 에클레시아에 초점을 맞추었던 바울의 진짜 서신들과 달리 운동 전반에 대한 강조가 드러나고 있음을 볼 수 있다. 우리가 지금 "교회"라고 부르는 것이 자신만의 신학을 갖추고 등장한 것이다. 이 서신들은 특정한 공동체에 닥친 구체적인 문제들을 다루는 대신에 더 일반적인 사안들을 다루고 있다. 따라서 이 서신들은 그 어려운 시기에는 사도의 목소리가 갖는 권위가 필수적이라고 믿었던 바울의 추종자들에 의해 1세기 말에 쓰인 것으로 보인다.

바울이 사라졌기 때문에, 모두가 생각했던 것처럼 그리스도의 재림이 이른 시일 안에 일어나지 않을 것이라는 추측이 점점 더 분명해지고 있었다. 바울은 제자들에게 "이 세상의 외형은 지나감이니라"(고린도전서 7:31_옮긴이)고 말하면서 이교도 세상에 초연하라고 촉구했으나, 이제는 예수 추종자들이 주류 사회와 장기간 공존하는 것을 고려해야 하는 상황에 직면했다. 자신들의 분명한 정체성을 잃지 않고서 어떻게 이를 성취할 수 있었겠는가? 바울은 흩어진 공동체들을 한데 모으는 방법으로 헌금을 사용했으나, 이제 그의 계승자들은 이를 이용하여 변화한 세상의 요구에 걸맞은 새로운 장으로 바울의 가르침을 가지고 가야 했다. 그러므로 이 두 서신은 바울의 신학을 새로운 방향으로 가지고 갔던 것이다.

골로새서와 에베소서의 저자들은 교회 전반에 대한 인식이 매우 발달해 있었다. 실제로 그들은 교회론을 발명했다. 그들은 둘 다 그리스도의 몸에 대한 바울의 이미지를 이용하고 있으나 중대한 차이점이 하나 있다. 바울은 가이사를 정치체의 머리로 여기는 제국의 신학을 전복시켰다.

그는 그 안에서 공동체의 다원론적인 이상을 발전시켰다. 그가 생각하는 공동체는 "열등한" 몸의 지체들이 머리보다 더 큰 영예를 받는 상호 의존적인 공동체였다. 하지만 골로새서와 에베소서의 저자들은 그리스도를 몸체의 머리에 위치시키면서도 바울의 본래 통찰들의 일부를 보존하려 했다. 골로새서의 저자는 다음과 같이 말하고 있다. "[그리스도]는 몸인 교회의 머리시라, 그가 근본이시요 죽은 자들 가운데서 먼저 나신 이시니 이는 친히 만물의 으뜸이 되려 하심이요."[1] 에베소서의 저자는 바울이 그랬으리라 추정되는 것처럼 그의 독자들에게 그리스도 안에서 온전히 자라나기를 촉구한다. "오직 사랑 안에서 참된 것을 하여 범사에 그에게까지 자랄지라, 그는 머리니 곧 그리스도라. 그에게서 온 몸이 각 마디를 통하여 도움을 받음으로 연결되고 결합되어 각 지체의 분량대로 역사하여 그 몸을 자라게 하며 사랑 안에서 스스로 세우느니라."[2] 여기에서는 바울이 강조했던 사랑과 공동체 설립의 중요성, 그 구성원들의 상호 의존성을 보존하려는 의도가 보이지만, 등급이 나누어지며 계층제가 나타나기 시작한 것을 알 수 있다. 그리스도는 굳건히 머리의 위치를 지킬 뿐 더는 몸 전체 그리고 에

---

1 골로새서 1:18.
2 에베소서 4:15-16

클레시아의 모두와 동일시되지 않고 있다.

하지만 이런 관점에서는 여전히 그리스도가 가이사를 대체하며, 로마에 대한 유대 전쟁의 공포 이후에는 "이 세상의 통치자들"에 대한 바울의 생각도 영향력을 잃어갔다. 이제 그리스도는 세속의 권력이 아닌 정복적인 우주적 권력으로 나타나게 됐다. 이 저자들은 그리스도가 세상에 돌아와서 제국의 권력들을 박탈한다는, 임박한 그리스도의 재림에 집중하지 않았다. 대신 예수는 이미 신성한 수준에서 승리를 성취했다고 주장했다. 고린도의 "신령한 자들"이 문제를 제기했을 때 바울은 하나님의 왕국은 아직 오지 않았다고 단호히 말했다. 하지만 골로새서와 에베소서의 저자들은 그리스도 추종자들이 이미 구원받은 삶을 살고 있다고 주장했다. 골로새서의 저자는 "[아버지께서] 우리를 흑암의 권세에서 건져내사 그의 사랑의 아들의 나라로 옮기셨으니"라고 쓰고 있다. 그들은 이미 "광명의 나라"에 들어서 있는 것이다.[3] 에베소서의 저자는 "모든 일을 그의 뜻의 결정대로 일하시는 이의 계획을 따라 우리가 예정을 입어 그 안에서 기업이 되었"다고 적고 있다. 이제 그리스도는 "모든 통치와 권세와 능력과 주권과 이 세상뿐 아니라

---

3 골로새서 1:12-13.

오는 세상에 일컫는 모든 이름 위에 뛰어나"지게 되었다.[4]
바울의 확고한 정치적 견해가 내세와 다른 시간의 차원으
로 전치되어 있는 것이다.

이 서신들은 바울파 전통의 시작을 보여 주며, 이들은
바울의 신학을 변형시켜 다른 어떤 상황에도 적절하게 응
용할 수 있도록 하였다. 이는 특히 이 저자들이 기독교 가
정에 대해 취한 방향에서 분명히 나타난다. 바울의 유토피
아적 평등주의는 한층 위계적인 관점으로 바뀌었고 그 안
에서 아내들은 남편들에게, 아이들은 아버지들에게 복종하
고 종은 "모든 일에 육신의 상전들에게 순종"해야 했다.[5] 이
두 저자는 모두 관습적인 문체와 어휘로 이 새로운 이상들
을 표현하고 있다. 바울에게서는 찾아볼 수 없던 가부장적
전통이 이미 이교도 에클레시아에 뿌리내렸던 것으로 보인
다. 세례의 외침—남자나 여자의 구분이 없는—은 그리스
도의 위계적 몸 안으로 들어가게 되었다.

아내들이여, 자기 남편에게 복종하기를 주께 하듯 하라. 이는
남편이 아내의 머리 됨이 그리스도께서 교회의 머리 됨과 같음
이니 그가 바로 몸의 구주시니라. 그러므로 교회가 그리스도에

---

4   에베소서 1:11, 21.
5   골로새서 3:18-25; cf. 베드로전서 2:18-3:7.

게 하듯 아내들도 범사에 자기 남편에게 복종할지니라.⁶

이런 관습적인 가르침은 그리스-로마 사회와 공존해야 한다는 새로운 분위기를 반영한다. 이제 그리스도의 재림은 무기한 연기되었기 때문에 예수 운동이 살아남으려면 바울의 급진성을 억제해야만 했다. 이 관습적인 가르침들은 그리스-로마 철학자들, 역사가들, 그리고 그리스 유대 작가들이 상당히 중요시했던 가정 내 규범들을 따르고 있으며 적합한 사회 질서를 만드는 데 질서 있는 가족을 필수로 여겼다.⁷ 그러므로 여기서 나타나는 가부장적인 가정은 바울이나 제2바울 서신의 작품이 아니다. 단지 이 저자들이 바울파의 사랑과 봉사의 이상에 대입시키려고 했던 그리스-로마 규범의 표현이다. 바울의 신실함의 주안점에 걸쳐 있는 것은 그리스적 가정 규범에서처럼 국가가 아니라 그리스도에 대한 신실함이었다.⁸

바울의 급진주의는 유토피아적이었다. 그 유토피아는 아

---

6 에베소서 5:22-24.

7 James D. G. Dunn, "The Household Rules in the New Testament," in Stephen C. Barton, ed., *The Family in Theological Perspective* (Edinburgh: T. & T. Clark, 1996); David L. Balch, "Household Codes," in David E. Aune, ed., *Greco-Roman Literature and the New Testament* (Atlanta, GA: Scholars Press, 1998).

8 에베소서 5:23-6:9.

주 가까운 미래에 그리스도가 돌아와서 새로운 세계 질서를 시작하리라고 모두가 믿어야 이루어질 수 있었다. 율법을 부당하고 불화를 일으키는 것으로 보는 바울의 견해는 문명에 대한 우리의 끊임없는 불만을 반영한다. 또한 사람들은 서로 동등하게 살아야 한다는, 아마도 작고 평등한 공동체들 안에서 수렵 채집 생활을 하던 수천 년 전까지 거슬러 올라가는 우리의 완고한 신념을 표현한다. 그로부터 단지 5천 년이 지났을 뿐이며 우리는 아직도 항상 불평등하며 엄격한 법 없이는 살아남을 수 없는 문명에 완전히 적응하지 못한 듯하다. 하지만 역설적이게도 세속적인 권위를 폐위시키는 그리스도에 대한 바울의 관점은 그리스도를 정복자 황제처럼 돌아오는 것으로 그렸다.

> 그 후에는 마지막이니, 그가 모든 통치와 모든 권세와 능력을 멸하시고 나라를 아버지 하나님께 바칠 때라. 그가 모든 원수를 그 발 아래에 둘 때까지 반드시 왕 노릇 하시리니, 맨 나중에 멸망 받을 원수는 사망이니라.[9]

골로새서와 에베소서의 저자들은 이 형상을 보존하면서

---

9 고린도전서 15:24-27.

이를 우주적 수준으로 전치시켰다. 상상도 못할 일이 일어나고 콘스탄티누스가 312년 최초의 기독교인 로마 황제가 되자, 이 수사는 그의 세계 지배를 정당화하는 식으로 사용되었다.

골로새서와 에베소서의 저자들은 바울의 목소리와 권위를 지키기 위해 애썼다. 하지만 초기 교회의 대다수 기독교인들에게 그는 불가해한 인물이었다. 베드로후서의 저자는 마침내 주님이 디아스포라 공동체들에게 오는 것을 묘사하면서, "우리의 사랑하는 형제" 바울이 그의 서신에서 조언한 것처럼 그들에게 인내할 것을 촉구했다. "우리가 사랑하는 형제 바울도 그 받은 지혜대로 너희에게 이같이 썼고 또 그 모든 편지에도 이런 일에 관하여 말하였으되, 그 중에 알기 어려운 것이 더러 있으니 무식한 자들과 굳세지 못한 자들이 다른 성경과 같이 그것도 억지로 풀다가 스스로 멸망에 이르느니라."[10] 독일 학자인 에른스트 케제만은 바울이 죽은 직후 몇 년 동안 그는 "대개 이해할 수 없는 대상"이었다고 말했다.[11] 그는 사도교부라고 알려진 2세기 신학자들(이들은 사도의 직계 제자나 이들과 관계가 있던 사람들이

---

10 베드로후서 3:15-16.
11 Ernst Käsemann, "Paul and Early Catholicism," *New Testament Questions of Today* (Philadelphia: Fortress Press, 1969), 249; Arland J. Hultgren, "The Pastoral Epistles," in Dunn, ed., *Cambridge Companion*.

다. 이들이 쓴 문서들은 경전으로 인정받지 못하지만, 신약 연구에서는 중요한 자료로 인정받고 있다_옮긴이)에게는 거의 아무런 인상을 주지 않았다. 안디옥의 이그나티우스는 그를 단 여섯 번만 언급했을 뿐이며, 그에 대한 이해도 기껏해야 피상적인 수준이었을 것이 분명하다. 스미르나의 주교 폴리카르포스는 축복과 영광을 받은 바울의 지혜를 자신뿐 아니라 그 누구도 이해할 수 없었다고 시인한다.[12] 초기 기독교의 호교론자인 저스틴 마터는 바울은 전혀 언급하지 않고 있으며, 안디옥의 두 번째 주교 테오필루스는 로마서에서 국가에 대한 복종에 관해 바울의 견해를 말하고 있으나 그의 이름을 언급하지는 않는다.

역설적이게도 바울을 알렸던 초기 기독교 사상가들은 후에 이단으로 선고받았다. 흑해의 주요 항구인 시노페에서 조선업자가 된 사람으로 지식인이며 부유했던 마르키온은 바울이 예수의 가르침에 충실했던 유일한 사도였다고 믿었다. 그의 개혁 운동은 빠르게 퍼져 나가 160년에 그가 죽었을 때는 "마르키온주의"의 기세가 주류 교회를 가릴 정도였다. 그는 누가복음과 바울의 서신을 기반으로 솜씨 있게 하나의 복음을 편찬했다. 그리고 이를 경전의 수준으

---

12 Polycarp, *Letters*, 3:2, in J. B. Lightfoot, ed. and trans., *The Apostolic Fathers*, 3 vols, *Part Two: S. Ignatius and S. Polycarp* (London, 1885).

로 올렸다. 그의 "신약"은 이제는 "구약" 취급을 받는 히브리 성서에 대한 거부로 만들어졌고, 그는 구약이 예수의 하나님과는 다른 하나님을 설교하고 있다고 믿었다. 마르키온에 따르면, 유대인들에게만 구원을 제공하고 율법을 내려준 옛 창조주 하나님은 폭력적인 신이며 복수하는 신이다. 반면에 예수의 하나님은 모두에게 자비로우며 사랑의 복음을 내려 주었다.

지금까지 남아 있는 마르키온의 저작은 없다. 우리는 그 반대자들의 저술에서 인용된 파편들만을 볼 수 있을 뿐이다. 마르키온은 아마도 토라 전체를 무시하지는 않았을 것이며, 하나님의 사랑과 이웃에 대한 생각에는 동의하며 이를 인용하기도 했다. 하지만 바울은 예수가 유대 역사의 완성이라고 밝혔다. 따라서 예수가 완전히 새로운 계시라는 마르키온의 주장은 바울의 이러한 견해를 드러낼 수 없다. 그의 공동체들은 금욕적이고 다소 엄격했다. 그들은 바울이 혼자 살 것을 신중하게 제안했던 것을 극단적이고 실질적인 엄한 독신주의로 받아들였다. 이 공동체의 모든 구성원은 세례 때 창조주 하나님이 "생육하고 번성"하라고[13] 했던 명령을 저버렸고, 먹고 마시는 즐거움을 경멸했으며,

---

13 창세기 1:28.

더 나아가 성찬식에서 포도주 대신에 물을 마셨다. 하지만 마르키온은 바울의 평등주의와 바울이 가난한 사람들, 권리를 박탈당한 사람들에게 가졌던 관심을 잘 이해하고 있었다. 그의 교회는 여성의 성직을 장려하는 데 있어서 바울을 따랐던 첫 교회였다. 그의 공동체들에서 여성들은 치유하고 설교할 수 있었으며 주교나 장로로 임명되었다. 그는 또한 바울이 이해했던 자유와 구원 사이의 관계에 공감했다.

마르키온의 반대자들은 그의 가르침을 반박하기 위해서 바울을 더욱 주의 깊게 연구해야 했다. 이러한 사람들 중 가장 초기의 인물들이 소위 디모데와 디도에게 보내는 사목 서간의 저자들이었을 것이다. 사목 서간은 로마 혹은 에베소에서 2세기 초 바울의 이름으로 쓰였으나, 2세기 후반까지도 이 서신들은 그가 썼다고 여겨지지 않았다. 사목 서간은 문체와 내용 면에서 골로새인들과 에베소인들에게 보낸 서신들보다 훨씬 더 급진적인 바울의 서신들에서 벗어나 있다. 여기에서는 바울의 진짜 서신들에 전혀 나타나지 않는 많은 단어와 표현들이 사용된다. 그리스도의 재림은 전혀 언급되지 않을뿐더러, "그리스도 안에서" 사는 것에 대해서도 말하지 않는다. 그들에게 있어서 그리스어 피스티스는 "신실함"이 아니라 "기독교 신앙"을 의미하기 때문이다.[14] 그리고 그들은 예수를 "하나님의 아들"이라고 절대 부르지 않는다. 이 서신들은 이 시기에 이르러 위계질서를 갖추었던 기독교 지도부에게 지시하기 위한 목적으로 쓰였기 때문에 "사목" 서간으로 불린다. 사목은 주교와 장로, 부제로 구성되며 바울의 서신들에서는 찾아볼 수 없는 것들이다.

사목 서간에서는 반마르키온주의 논쟁의 흔적을 엿볼 수 있다.[15] 그들은 바울이 디모데에게 "속된 잡담을 피하고 거짓된 지식에서 나오는 반대 이론을 물리치시오"[16]라고 말하게 하고 있으며, 이는 명백하게 마르키온의 유명한 저서인 『대립 명제Antitheses』에 대한 경멸적인 주석이다. 같은 서신에서 "혼인을 금하고 어떤 음식물은 먹지 말라고" 하는 사람들에 대한 비난도 볼 수 있다. "음식물은 하나님이 지으신 바니, 믿는 자들과 진리를 아는 자들이 감사함으로 받을 것이니라."[17] 그들은 마르키온파에서 여성들이 성직을 맡는 것을 분명하게 반대했다. 대신에, 그들은 여성들은 아이를 갖고 복종하는 데서 구원을 찾아야 한다고 주장했다.

---

14 디모데전서 1:2, 3:9, 13, 4:6, 디모데후서 4:7, 디도서 2:2.
15 Calvin J. Roetzel, "Paul in the Second Century," in Dunn, ed., *Cambridge Companion*, 233.
16 디모데전서 6:20.
17 디모데전서 4:3.

"여자는 일체 순종함으로 조용히 배우라. 여자가 가르치는 것과 남자를 주관하는 것을 허락하지 아니하노니 오직 조용할지니라. 이는 아담이 먼저 지음을 받고 하와가 그 후며, 아담이 속은 것이 아니고 여자가 속아 죄에 빠졌음이라."[18]

사목 서간은 거짓된 영적 지식에 대한 우려를 분명하게 표명하고 있었다. 1940년대에 이집트의 나그 함마디에서 발견된 고문서들은 특별하고 난해한 "지식"을 통해 구원을 추구하는 사람들의 저술과 그들의 복음을 보여 주었다. 영지주의는 2세기에 이탈리아와 동부 지방들에 퍼져 갔고, 마르키온주의와 마찬가지로 루그두눔의 주교 이레나이우스와 같은 사람들에게 깊은 문젯거리였다. 이레나이우스는 그들이 복음의 가르침에서 멀어져서 "그들 멋대로의 길을 가는"(그리스어로 '아이레시스aieresis') "이단자들"이라고 불렀다. 유대교와 이슬람 신비주의에서도 드러나는 영지주의 신화에 따르면, 육체와 죄로 이루어진 저차원의 악한 세상을 창조하는 데미우르고스Demiurge는 신격 안에서의 위기 때문에 탄생했다. 이 근원적인 사건이 발생하는 중에 어떤 성스러운 불꽃이 몇몇 사람에게 들어갔고, 그들은 신령한 엘리트(프네우마티코이)가 되었으나 나머지 프시케코이

---

18 디모데전서 2:11-15; cf. 디도서 2:3-5.

psychikoi(혼적 사람. 영/프네우마가 없는 사람_옮긴이)는 성령과 통찰을 받지 못했다는 것이다. 하지만 그들은 지상에 내려온 그리스도에 의해 구원받고, 인간 예수와 함께하며, 자신들의 진정한 근원과 목적지에 관한 해방의 지식(그노시스)을 얻을 수 있다는 것이다.

가장 영향력 있는 2세기 영지주의 스승 발렌티누스에게 바울은 주된 영감의 원천이었다.[19] 고린도인들에게 보내는 첫 서신에서 바울은 "영적", "정신적", 그리고 세속적인 "육적" 인간을 구분하고 규정하지 않았던가?(고린도전서 3:1-3, 15:44-50_옮긴이) 빌립보인들에게 보내는 그의 서신에 들어 있는 그리스도 찬가는 구세주가 땅으로 내려오는 것을 완벽하게 묘사했다(빌립보서 2:5-8_옮긴이). 바울은 자신의 "영적이지 않은" 자아에 선이 없었으며, 고뇌 속에서 "나는 곤고한 사람이로다. 이 사망의 몸에서 누가 나를 건져내랴?"(로마서 7:24_옮긴이)라고 외쳤다고 시인했다. 그는 또한 프네우마티코이는 우상에게 바쳐진 고기를 먹어도 되며 주류 교회의 하찮은 규율에 속박받지 않는다는 것을 이해하면서 "모든 것이 내게 가하나 내가 무엇에든지 얽매이지 아니하리라"(고린도전서 6:12_옮긴이)고 공공연히 말했다.

19 Elaine H. Pagels, *The Gnostic Paul: Gnostic Exegesis of the Pauline Letters* (Philadelphia: Trinity Press International, 1975), 66.

물론 이것은 바울파의 가르침을 잘못 읽은 것이었다. 바울은 고린도인들에게 보내는 서신에서 고린도의 프네우마티코이가 가지고 있었던 믿음을 찬양하는 것이 아니라 비꼬고 있었기 때문이다. 하지만 바울의 사후 그의 운명은 종종 이런 식이었다. 골로새서와 에베소서의 저자들은 바울의 평등주의와 제국의 압제에 대항하는 그의 정치적 입장을 버려야 한다는 압박을 느꼈고, 사목 서간들은 바울의 것으로 부당하게 알려진 여성 혐오를 기독교에 도입했다. (그리스어로 쓰인_옮긴이) 바울을 라틴어 번역으로 읽은 데에 근거한 아우구스티누스의 원죄 교리는, 루터의 "믿음으로써 의롭게 된다"(以信得義_옮긴이)의 특징적인 도그마와 마찬가지로 바울의 사상에서는 상당히 낯선 것이었다. 자신이 유대인임을 절대 부정하지 않았던 바울에게 반유대주의라는 낙인이 찍혔다. 바울을 유명 인사로 만든 것, 치명적인 결과를 가져올 유대교와 히브리 성경에 대한 의심을 기독교 상상력에 도입한 것은 마르키온과 영지주의였다.

바울은 그가 설교한 적이 없는 개념들로 비난을 받아 왔고, 교회는 영적인 삶에 관한 그의 높은 통찰 일부를 무시하였다. 바울이 열정적으로 가난한 사람들과 같은 삶을 살았던 것은 번영 복음(Prosperity Gospel. 헌금과 헌신에 비례해서 영적, 물질적 축복을 받는다는 신앙_옮긴이)을 설교하는 기독교인들에 의해 가려졌다. 우리를 서로 갈라놓는 인종적, 문화적 편견들을 근절하려던 바울의 결의, 거짓된 특혜와 우월감 위에서 드러나는 모든 형태의 "자랑"들에 대한 바울의 거부, 그리고 신앙을 방종으로 만드는 제멋대로의 영성에 대한 바울의 마음속 깊은 불신은 기독교 사고방식의 일부가 되지 못했다. 서구에서 로마 제국이 무너진 후 황제 노릇을 하는 교황들을 보았다면 바울은 어떤 반응을 보였을까? 바울은 "약한 자들"을 고압적인 신념으로 위협하는 "강한 자들"에 대해 경고했다. 그리고 오늘날 수많은 독단적인 신앙인들이 이러한 바울의 경고를 완전히 가리고 있다. 어떤 미덕도 그 안에 사랑이 스며 있지 않으면 소용이 없다고 바울은 말했다. 그 사랑은 마음속에 있는 사치스러운 감정이 아니다. 자기 자신을 비운, 다른 사람들에 대한 관심 속에서 일상적이고 실질적으로 표현되어야만 하는 사랑이다. 다른 무엇보다도, 우리는 이러한 바울의 통찰을 진지하게 생각해야 한다.

바울의 생애 연대표(옮긴이 작성)

청년기

?	다소의 베냐민 지파에서 출생
	바리새파로 가말리엘 문하에서 율법을 배움
30	예수의 십자가형과 부활. 예루살렘 교회의 시작(오순절)
	스데반 박해에 수동적으로 찬동함
34	예수 추종자들을 열성적으로 박해함

셈족의 땅

34	다메섹으로 가는 길에 예수의 계시를 받고 예수 추종자가 됨
	아라비아로 가서 그곳에서 생계를 꾸리며 예수를 전함
37	2주 동안 예루살렘에서 베드로의 객으로 지냄
37–47	아브라함의 전설적인 순례를 따라 길리기아, 다소 지역에서 사역함
40	안디옥에서 사역함

이교도 사역

47–48	열두 사도가 파견한 바나바와 마음을 같이 하고 함께 안디옥 회중을 다지면서 이교도를 대상으로 하는 전도 사업을 벌임
48	할례와 토라의 준수 문제로 갈등이 빚어지자 예루살렘을 방문하여 교회의 기둥들과 사적인 만남을 가짐
48–50	구브로와 밤빌리아 사역
50	할례와 토라의 준수 문제가 계속 이어지고, 음식 규제에 관해 예루살렘에서 새로운 조항을 요구하면서 바나바와 결별하게 됨

카렌 암스트롱의 바울 다시 읽기

1판 1쇄 인쇄 | 2017년 6월 20일
1판 1쇄 발행 | 2017년 6월 30일

지은이 카렌 암스트롱
옮긴이 정호영
펴낸이 서의윤

펴낸곳 훗
　　주소 서울시 강남구 테헤란로2길 8, 4층
　　출판신고번호 제2015-000019호 신고일자 2015년 1월 22일
　　huudpublisher@gmail.com / www.huudbooks.com

디자인 이규환
공급 한스컨텐츠(주)

ISBN 979-11-957367-8-2 03230

한국어판 ⓒ훗 2017, Printed in Korea

＊ 이 책 내용의 전부 또는 일부를 재사용하려면 반드시 저작권자와 훗의 동의를 받아야 합니다.

＊ 이 도서의 국립중앙도서관 출판예정도서목록(CIP)은 서지정보유통지원시스템 홈페이지(http://
　seoki.nl.go.kr)와 국가자료공동목록시스템(http://nl.go.kr/kolisnet)에서 이용하실 수 있습니다.
　(CIP제어번호: CIP2017013146)

책값은 뒤표지에 있습니다.
잘못 만들어진 책은 구입하신 서점에서 교환해드립니다.

판매·공급 한스컨텐츠㈜
전화 031-955-1960　**팩스** 02-2179-8103